道徳科授業サポートBOOKS

考える ツール & 議論する ツール でつくる 小学校道徳の 新授業プラン

諸富祥彦・土田雄一 編著

JN048251

明治図書

は じ め に

　「考え，議論する道徳科の授業をどうやってつくることができるか」——今，全国の小学校，中学校で多くの先生が，頭をひねっておられます。

　それに対する私たちの本書での提案は，「ツールを使おう！」です。

　「考えるツール」とは，たとえば，そのワークシートに沿って書き込んでいくだけで，子どもがおのずと，様々な視点から多角的に考えていくことができるような工夫がなされているツールのことです。いや，おのずとそのように考えていかざるを得ないような工夫がなされたツールのことです。

　「議論するツール」とは，そのやり方にしたがって，子どもたちの考えを板書に整理していくだけで，おのずと，子どもたちの話し合いが，より多角的な話し合いとなり，深まっていくような，そのようなツールのことです。

　「ツールを使えば，ふつうの力量のふつうの教師が，それを用いることで，誰もが，考え議論する道徳科の授業の名手になることができる。しかも自然に！」

　これが私たち千葉グループ（千葉大学の土田雄一先生や千葉市の尾高正浩先生，諸富などを中心にした新しい道徳授業づくりの研究会）の提案です。このグループでは，すでに約20年にわたって（！）今でいう「考え，議論する」タイプの新しい道徳授業を開発し，創造してきたのです。

　現場の先生方は経験的にわかると思いますが，今，学習指導要領に示されているような「子どもが主体的に自分で考え」「十分に話し合い」「その中で自分の考えをさらに深めていく」という授業は，「力量のあるすぐれた教師」であれば，もう何十年も前から，ずっと行ってきたことです。

　逆に，あまり力のない先生は，たとえば道徳科の授業でも，それまでの子どもたち同士の話し合いのプロセスをほとんど無視して，「ところで，○○さんはどんな気持ちで……」「あなたが親切にしたいと思うのは」と半ば強引に授業を予定していた方向に引っ張っていくのが常でした。

　これでは，子どもたちが「真剣に考えるのは馬鹿馬鹿しい」「一生懸命話し合っても，結局先生の好きな方にもっていかれてしまう」「だから本気で考えたり，本音で語るのはやめにして，先生がどのような方向に授業を進めようとしているのか，それを推測して，それに沿うように発言しなくては」…このように思うようになるのも当然のことです。

　では，そのような「特別な力量のある教師」でなければ，「自分で考え，議論を重ね，その中で自分の考えが深まっていくような道徳の授業」を行うことは不可能なのでしょうか。

「自分のような，特に思考を深める力も，話し合いを深める力ももっていない平凡な教師は，やはり，主体的で対話的な道徳の授業を行うことなどできない」とあきらめざるを得ないのでしょうか。

　私たちの答えはノー！です。

　「ほんの少しの工夫さえすれば，平凡な教師でも，自分で考え議論するタイプの道徳の授業を行うことはできるのでしょうか」

　私たちの答えはイエス！です。

　なぜなら，本書で紹介する「考えるツール」「議論するツール」の中には，授業の名人が，これまで発問の工夫や話し合いの工夫として行ってきたようなすぐれた工夫が，すでにその中に含まれ仕掛けられているからです。

　「考えるツール」「議論するツール」は，ただそれを使うだけで，授業の名人の発問によって子どもたちが導かれていくような思考を行い，話し合いを行うことができるようになっています。ツールの中にその工夫が，すでに仕掛けられているのです。

　そのポイントは「視覚化」です。

　多様な角度から考え，話し合いを重ねていくことができるような「視覚的な工夫」がツールの中でなされているのです。

　これさえあれば，百人力。

　もう，何も怖いものはありません。

　「考えるツール」「議論するツール」を使うことで，あなたは明日からおのずと，子どもたちが自分で考え，話し合いを重ねていく中で自分の考えを深めていくことができるような，そんな授業ができる教師になれているはずです！

（諸富祥彦）

Contents

3章 考えるツール＆議論するツールでつくる 新授業プラン

1章

ツールを使えば必ずできる！
「考え，議論する道徳」の
授業づくり

考え，議論するためのツールの必要性

● なぜ，「考え，議論するためのツール」が必要なのか

　なぜ，「考え，議論するためのツール」が必要なのか。

　それは，名人芸に頼らなくても，熟練した経験がなくても，一定レベル以上の道徳的思考と，一定レベル以上の道徳的な話し合いが可能になるからです。

　道徳授業に熟達した教師でなくても，授業の名人・達人でなくても，つまり，もしあなたが若手の，ふつうの教師であっても，あるいは，道徳授業にほとんど親しみがなかった教師であっても，一定レベル以上の道徳的な思考と，一定レベル以上の道徳的な話し合いとを可能にしてくれるもの。それが「ツール」なのです。「ツール」を用いることによって，個人の力量の差や経験の差，授業の熟達度合いの差をかなり埋めることができるのです。

　主体的で対話的な授業は，「知識を教える」タイプの授業に比べて，教師の力量の違いが出やすいと言われます。

　授業が下手な教師と，授業のうまい教師。その違いが顕著になりやすいのです。

　「考え，議論する道徳科の授業」が提唱されるにつれて，従来行われてきた「価値を教える道徳」「価値の内面化の道徳」だけでは，不十分だとみなされるようになってきました。不必要ではないけれども，それだけでは不十分だ，と考えられたのです。

　一人ひとりの子どもたちに，道徳にまつわるコンピテンシー（資質・能力）を育てるためには，読み物教材の「主人公の気持ち」に焦点を当てて，「どのような気持ちで……」と問うていくだけでは，十分ではない。子どもたち一人ひとりが，道徳的問題について「いったい，どうすれば……」と多角的な視点から，自分で考え抜くことができる道徳の授業でなければならない。また，一人で考えるだけでなく，グループや学級の他の子どもたちと話し合いを重ね，その話し合いの中で，さらに自分の思考を深めていくことができる。そのような「主体的」に自分で考え，「対話的」に話し合う中でさらに自分の主体的思考を深めていくという，そういう道徳の授業が求められるようになってきたのです。

　そこで「では，どうすればいいの？」と全国の教師が頭を悩ませているわけです。

　たしかにこれは，大問題と言えば，問題です。

　子どもたち一人ひとりが，「主体的」に自分で考えて，「対話的」に話し合う中でさらに自分の主体的思考を深めていくという，そういう道徳の授業を行うには，教師としてかなりの力量が必要とされるからです。

「子どもが主体的に自分で考え」「十分に話し合い」「その中で自分の考えをさらに深めていく」という授業は，「力量のあるすぐれた教師」がもう何十年も前からずっと，行ってきたことで，それが多くの教師に求められるようになったのです。

　そんなの無理だ，そういう授業は一握りの授業の達人だけが行えるもので，一般の教師にできるのは，「価値を教える」タイプの授業でそれが多くの教師の限界だ，と思われる方もいるかもしれません。

　そうではない，と私は思います。ふつうの力量のふつうの教師であっても，一定レベルの道徳的思考と道徳的な話し合いを子どもたちが行うよう促すことができる具体的な手法。それが「考えるツール」「議論するツール」です。

● 道徳的な思考とは　道徳的な話し合いとは

　では，一定レベル以上の道徳的思考と道徳的な話し合いを特徴づけるものは何か。

　とりわけ道徳的な思考と話し合いを特徴づけるものは何か。

　それは「多角的」で「多視点的」な思考であり，話し合いであることです。

　これは「公正さ＝正しさ（fairness/justice/impartiality）」の定義にかかわる問題です。

　つまり，「公正さ＝正しさ」とは，ある道徳的な問題について，特定の視点，特定の立場からのみ解決法を導き出すのではなくて，その問題にかかわる可能な限り多様な視点，可能な限り多様な立場，どの立場にも偏ることなく（impartiality），仮想的に立ちながら，解決法を導き出そうとしていく，そうした姿勢のことです。

　したがって，道徳的な思考をすることができるようになるためには，柔軟で，粘り強い思考のトレーニングが必要になります。

　「Aといったら，Aなんだ！」

　「当然，Bが正しいに決まっている！」

　このような，特定の立場から特定の解決法を導き出そうする短絡的な，短気な思考法では，道徳的な思考を行うことはできません。

　ある思考が道徳的な思考であるためには，「Aの視点でAの立ち位置もしくはAの角度から見れば，この問題はこのように見え，それゆえ，こうするのが正しいように思われるが，Bの視点に立ちBの立ち位置もしくはBの角度から見れば，この問題がはたまたこのように見え，それゆえ，こうするのが正しいように思われる。そしてまたCの視点でCの立ち位置もしくはCの角度から見れば，この問題はこのように見え，それゆえ……」というように，粘り強く，かつ，柔軟に，可能な限り，あらゆる立場に立って，「どの立場から見てもそうするのが正しいように思われる解決」を求めていくのが，道徳的な思考であり，「公正なる姿勢での思考」ということになります。

　想定しうる可能な限りのすべての立場に立って，どの立場から見てもそうするのが正しいと

思われるような答えを見出そうとする，あるいは，そうした答えが容易には見いだせないときの緊張に耐えながら，粘り強く，柔軟に最適な解を求めようとし続ける。そうした姿勢それ自体が道徳的な姿勢であり，公正な姿勢です。

それは「Aが正しい」「Bが正しい」などと，特定の視点に立って，短絡的に，短気にものを考えないようにしていく姿勢のことであるとも言えるでしょう。「道徳的にものを考える」とは，「○○が正しい，などと簡単に言うことはできない。なぜならば一つの道徳問題には，実に様々な人が，様々な立場で，様々な角度からかかわっていて，どの立場から見るかによって，物事はまったく違って見えてくるからだ」ということをよく知っており，そのことをわかった上で粘り強く思考し続けることです。

多視点的，多角的に物事を見て，考え，話し合っていくという「型」をあらかじめ組み込んであるのがツール

では，この「可能な限り，すべての視点に立ってものを考える力」を子どもたちにどのように育むことができるでしょうか。

それは「可能な限り，あらゆる人の立場に立って考えなさい！」と教師が叫んだところで，可能になるものではありません。

熟達した教師であれば，授業の流れの中で「そうだね。たしかにそう考えることもできますね。Aさんの視点に立って，Aさんの立ち位置から見れば，そうするのが正しいようにも思われますね。では，このことをBさんの立場から見るとどうでしょうか。Bさんの視点に立って，Bさんの立ち位置から見れば，この同じ問題はどのように見えて，どうするのが正しいように思われるでしょうか」といったように，たくみな発問によって，子どもたちの思考の立ち位置を上手に変位させていくこともできるでしょう。

しかしそれには，相当の技量が必要になります。

この「可能な限り，すべての立場，すべての視点に立ってものを考え，話し合っていく」という道徳的な思考や話し合いに特徴的な「思考や議論の型」を，あらかじめそのうちに組み込んであるのが思考ツールであり，議論ツールなのです。

自分一人で道徳的問題について考えてワークシートに書き込んでいく場面。その場面で「Aの視点でAの立ち位置もしくはAの角度から見れば，この問題はこのように見え，それゆえ，こうするのが正しいように思われるが，Bの視点に立ちBの立ち位置もしくはBの角度から見れば，この問題はまたこのように見え，それゆえ，こうするのが正しいように思われる。そしてまたCの視点でCの立ち位置もしくはCの角度から見れば，この問題はこのように見え，それゆえ……」とものを考えていく。そのような思考の「型」がそのワークシートの中におのずと埋め込まれているのです。

あるいは，クラス全体で道徳的問題について話し合っていく場面。その場面でも「Aの視

点でＡの立ち位置もしくはＡの角度から見れば，この問題はこのように見え，それゆえ，こうするのが正しいように思われるが，Ｂの視点に立ちＢの立ち位置もしくはＢの角度から見れば，たしかにこの問題はまったく異なるように見え，それゆえ，こうするのが正しいように思われる。そしてまたＣの視点でＣの立ち位置もしくはＣの角度から見れば，この問題はこのように見え，それゆえ……」とものを考えていく。そのような議論の「型」が板書の工夫の中におのずと埋め込まれているのです。

　すなわち，「考えるツール」とは，ワークシートに沿って書き込んでいくだけで，子どもはおのずと，様々な視点から多角的に考えていくことができるような工夫，いや，おのずとそのように考えていかざるを得ないような工夫がなされているツールのことです。「議論するツール」とは，たとえばそのやり方にしたがって，子どもたちの考えを板書に整理していくだけで，おのずと，子どもたちの話し合いが，より多角的な話し合いとなり，深まっていくような，そのようなツールのことです。

　それゆえ，特段優れた技量をもった教師でなくても，ツールを活用することによって「多視点的に，多角的に物事を考えていく」という「道徳的な思考や話し合いの型」を身につけさせていくことができるのです。

　このことは道徳科のみに当てはまることではもちろんありません。他の教科でも同様にツールの活用は大きな意義があります。

　「主体的」に自分で考え，「対話的」に話し合う中でさらに自分の主体的思考を深めていくという，そういう授業に初心者でもためらいなく取り組むことを可能にするもの。それが「ツール」なのです。

「ツール」を用いる際の留意点
「その他」（未知の選択肢）に開かれてあること

　ツールは，思考や話し合いの「型」を提供するものであり，そのためツールを用いることで一定レベル以上の思考や議論が可能になると言いました。

　そこで教師が留意すべきは，文字通りに子どもの思考や議論を「型にはめる」ことがないようにすることです。

　まず注意すべきは，思考や議論の選択肢として「その他」を必ず置くことです。

　子どもたちの中には，教師が思いもよらなかったことを考えついたり，議論の論点として提示してきたりする子どもがいます。子どもたちの中には，必ず，教師よりも優れた子どもがいるものなのです。こうした考えに開かれた態度を保ちましょう。つまり，教師が思いもよらなかった「未知なる暗黙の選択肢」に開かれてあるために「その他」という選択肢を必ず置くようにするのです。これをどのように生かすことができるかで教師の真の力量は問われている，と言ってよいでしょう。

（諸富祥彦）

ツール活用の面白さ・楽しさ

考えるツールを道徳授業で活用する

　以前の道徳の時間は，教材の問題場面で主人公の気持ちや葛藤を文章で考える授業展開が多くみられました。しかし，子どもたちにとって，主人公の複雑な気持ちや葛藤を文章で表現することはなかなか難しく，特に作文を苦手とする子どもには抵抗がある活動でした。

　そこで，「思考ツール」の1つである「ウェビング」を活用して，主人公の複雑な気持ちや葛藤を視覚的に表すことができないかと考えました。平成17年のことでした。

　小学校5年生に「サルも人も愛した写真家」（NHK「道徳ドキュメント」）で主人公の動物写真家の松岡さんが「サルの駆除に協力してほしい」という電話に協力するかどうか迷う場面を，「協力する」「協力しない」の両面から考えさせたのです。すると子どもたちは，「村人の思い」と「大切なサルへの思い」等の両面から，松岡さんの気持ちを様々な視点で考えることができました。そして，「サルの命」を大事にしながらも「協力することがサルのためにもなる」と考えを深めることができました。ウェビングを活用し，思考を広げた上で，話し合い，判断をした結果でした。「ウェビングは道徳授業で活用できる！」と確信した授業でした。

　当時，筆者が「ウェビングの活用」を提唱していたのには2つの理由がありました。

　1つ目は「道徳の問題場面を他の教科で活用している思考ツールを活用して考えることは子どもたちにとって自然なことなのではないか」ということです。総合的な学習の時間などでウェビングを活用しながら，多面的・多角的に考えた経験は「道徳授業における問題場面での主人公の気持ち等を考えること」につながると思ったのです。子どもたちが「道徳的な問題」をこれまで学んできた知識や経験を総動員して考え，解決していくことこそ，道徳授業で育てる力であり，生きて働く力となると考えたのです。

　2つ目は「汎用性が高く，実生活で活用できる」点です。道徳で学んだことが道徳の時間しか生かせないのはもったいないことです。実生活で自分が直面した課題（悩み）について，「ウェビング（思考ツール）」を活用しながら自分で両面から考え，問題を整理して意思決定をすることがよりよい決断，よりよい生き方につながるのではないかと考えたのです。

　道徳の時間は子どもたちにとって自分の生き方を考える貴重な時間です。思考ツールを活用しながら道徳的な問題を考えることは人生をよりよいものにすることにつながります。現在，ウェビングは，一般的な手法として認知され，授業で活用されていることをうれしく思います。

本書では，思考ツールはほかにもあり，子どもたちが他の学習で活用しているものもあることから，それらの特徴を生かした授業実践を紹介し，道徳授業の充実を図ることを目指しています。なお，一部のツールは関西大学教授・黒上晴夫氏の「シンキングツール」（http://ks-lab.net/haruo/thinking_tool/short.pdf）を参考にし，実践自体はオリジナルなものにしています。

● ツールで白熱した話し合いをつくる

道徳の授業は「考え，議論する道徳」と言われているようにこれまでの登場人物の心情に偏った指導方法の改善が求められています。しかし，「議論する」ことが道徳授業として必要なのかどうかは見極めなければなりません。「主体的・対話的で深い学び」のある道徳授業こそ，本来，目指しているものです。

その際，「議論するツール」（話し合いのツール）があるとより授業が活性化します。

たとえば，「役割取得」です。「ぼくらの村の未来」（ココロ部！　NHK for School）では，番組の中にあるように，道路をつくることに「賛成」の立場と「反対」の立場に分かれて授業で意見を交換します。どちらも「よりよい村の未来を願う気持ちは同じ」ところが道徳授業としての落としどころです。様々な角度から現実にも起こりうる問題を考え意思決定することこそ，子どもたちに必要な力です。

また，「付箋」を活用して，自分の考えを整理し，グループでお互いに聴き合う授業も，友達と意見を交流し，それぞれを尊重しながら自分が大切にしたいものを明確にしていく授業形態と言えるでしょう。

「トーキングサークル」（p33）は白熱した話し合いのツールというよりは，「対話」を大切にし，お互いを尊重する心を育てることができるツールです。

● 話し合いを活発にするために　～自分の話を聴いてもらっている感覚があるか～

「道徳科での話し合いを活発にするにはどうしたらよいですか？」という質問を受けることがあります。私は「ほかの授業ではどのようにしていますか？」と逆に問い返します。子どもたちにとって，他の授業と同様に大切な時間が道徳の授業であり，自分の考えを自由に話せる時間でもあります。他の授業でも話し合い，意見の交流ができる活動をしていれば，道徳の授業も同様と考えてよいでしょう。

話し合いを活発にするために，最も大切なことは何か。まずは，「自分の話をちゃんと聴いてもらっている感覚がもてること」です。そのためには「ペアトーク」や「聴き合い活動」等が有効です。そのときも「きちんと相手の話を聴く」という大原則が守られる必要があります。「トーキングサークル」（前述）でも「トーキングピースを持っている人の話を聴くこと」が大原則になります。つまり，一人ひとりがお互いの話を聴き合える関係ができていれば，道

徳科の話し合いもより活発になり，自分の考えを深めることにつながるのです。

　また，基本としての「話し合いの仕方」を身につける必要があります。はじめは「形式」ですが，次第に自分たちの意見を交流することができるようになるでしょう。

● 教師が「多面的・多角的に考える道徳授業」を体験しよう

　ある道徳研修会に講師として参加したときのことです。考え，議論する道徳の具体的な授業について，「模擬授業を中心」に実施しました。「最後のリレー」（ココロ部！　NHK for School）を視聴し，話し合いました。この教材は陸上部のキャプテン・コジマが，親友でリレーのメンバーのタクヤが足首をけがしていることを監督に伝えるかどうか悩むものです。他のリレーメンバーに相談していることから，「キャプテン・コジマはどうしたらよいだろうか」と発問し，「①個人」で考えたあと，「②グループで意見交換をしながらよりよいもの」を検討しました。そして，グループごとの意見を発表し合い，キャプテン・コジマはどうしたらよいか「③全体」で考えました。その結果をもとに「④自分で学んだことを振り返る」模擬授業です。ねらいは「役割と責任」が中心で，関連する内容項目を「友情，信頼」としました。すると，グループ内の意見の交流は活発であり，全体の中でも多様な意見が出され，考えを深めることができました。

　研修を受けた先生方は「考え，議論する道徳とはこのようなものだったのか」「メンバーと意見の交換をしながら考えが深まっていくことが実感できた」と研修後に振り返っています。

　「これまでの授業を変えるには，教師自身がその方法を知るだけでなく，長所短所を体験的に学ぶ必要がある」と考えます。「やってみてわかること」は必ずありますね。

　私は担当する教職大学院の授業でも理論だけでなく，実際に体験してもらうことを重視しています。普段は「教える立場」の先生が「子ども」として参加することで，その教材や指導方法，発問等の「よさ」と「課題」が見えてくるのです。

　たとえば，ウェビングを活用する道徳授業例として，「白玉しるこ」（土田自作）という教材を活用して模擬授業をします。教材はいたってシンプルで「母親の誕生日に家族でレストランにいった主人公が，頼んだデザートと違うものがきたときにどうするか」というものです。

　まず，主人公が，違っていることを店員に「言おうか」「言わないでおこうか」悩む理由を「両面からウェビングを活用して考えてもらう」のです。「言わないでおく」理由には，「はずかしい」「こちらも好き」や「（捨てられたら）もったいない」，「店員がかわいそう」「店員に悪い」等のほか，母の誕生日なので「雰囲気を壊したくない」「（再注文は）家族を待たせる」等，家族を考えた理由が出てきます。（次頁図）

　同様に「（店員に）言う」では，「迷って決めたから食べたい」「間違いを繰り返さないでほしい」のほか，「ほかのお客さんのものかもしれない」など意見もでます。中には「家族も間違いを知っているからちゃんと話した方がよい」という意見もありました。

図 「白玉しるこ」（板書）土田，2016

　ここで注目すべきは「言う」の中に「店員」のことを考えた理由があり，「言わない」の中にも「店員」を思っての理由が見られることです（同様に「家族」のことを考えた理由も両方に出ることがあります）。

　そこで，主人公中心の考えから，視点を変えて考えさせます。「店員だったらどうしてほしいのか」と問うと，「叱られるからそのままにしてほしい」という意見もあれば，「言ってほしい」という意見もあります。「後でわかるより教えてほしい」「ほかのお客さんのものだったら困る」等のほか，ある小学校6年生の授業では「お客さんに間違ったものを出したままではお店の信用にかかわる」という意見もありました。なるほどです。

　その上で，「もやもやした主人公が自分も周りもすっきりするにはどうしたらよいか」と投げかけると「ちゃんと伝えた方がよい」という方向になります。

　そこで，「では，どのように伝えるのか」と考えさせ，「実際にやってもらう」という方法をとっています。つまり「役割演技」をすることで伝えるときの気持や店員の気持などをより考えられるようにするのです。やってみてわかることもたくさんあります。伝え方によって相手の気持も違います。ソーシャルスキル的な内容になりますが，「問題場面でどのように振る舞うか」はとても大切なことであり，台本のない場面での相手を考えた言動こそ，社会で生きるために必要な力だと思っています。

　教員研修でこの模擬授業を実施すると「多面的・多角的」な意味や「問題解決的な学習」，「道徳的行為の体験的学習」についても理解がぐっと深まりますし，その効果も納得していただけます。「教員がその意味と効果を実感する」ことが道徳授業改善の近道ではないでしょうか。ほかの思考ツールの活用を含め，まず，先生方が活用体験をしてください。

●「評価」の視点から授業を考える

　道徳科は評価があります。指導要録にも記載するスペースが設けられました。

　「子どもたちをどのように評価したらよいのか」悩む先生方も少なくありません。道徳科の

評価において，児童生徒を見取る視点は主に次の2点です。

　①児童生徒がより多面的・多角的な見方へと発展しているか。

　②道徳的価値の理解を自分とのかかわりの中で深めているか。

　これらを「大くくりなまとまり」を踏まえた「個人内評価」でします。

　ここで，考えていただきたいのですが，「指導と評価の一体化」と言われるように本来，「①や②の成長が期待できるような授業をしているか」を自分の道徳授業を見つめ直すことが必要です。つまり，日常の道徳授業が従来通りの主人公の心情を場面ごとに追うような授業であるとすれば，「②道徳的価値の理解を自分とのかかわりの中で深めている」ことはできたとしても「①児童生徒がより多面的・多角的な見方へと発展しているか」を期待することは難しいのではないかと思います。もちろん「発問の工夫」によって，多面的・多角的に考えさせることはできます。さらに「考えるツール」「議論するツール」を活用することによって，この2つの評価の視点は達成しやすくなるのではないでしょうか。

　すなわち，道徳科の評価の観点からも「考えるツール」「議論するツール」を活用した授業改善が求められているのではないかと考えます。

● 道徳的なねらい達成のために活用する

　「考えるツール」「議論するツール」についてその有用性と必要性について述べてきました。しかし，忘れてはならないのが道徳的なねらいです。ねらいを達成するための「ツール」です。本書では道徳授業で活用できる魅力的なツールを紹介していますが，あくまでも「ねらい達成に役立つものである」ことが前提です。ツールの活用が目的にならないようにご留意ください。

　そして，子どもたちと「主体的・対話的で深い学び」のある授業を愉しんでください。20年後，30年後の未来を生きる子どもたちのために。

（土田雄一）

2章

活用方法がすぐわかる！
考えるツール&
議論するツール

考えるツール

🌰 ウェビング

❶特徴

「ウェビング」(webbing) とは,「考えを蜘蛛の巣状に広げていく思考方法」です。物事を短い言葉でつなげながら関連付けて考えることができる手法です。たとえば,中央に作品のテーマなどを置いて,そこからイメージされる関連するものや思い浮かんだものを表現します。拡散的思考を促すものです。総合的な学習の時間のテーマ設定や国語の作文の材料探しなど,活用方法は多岐に渡ります。

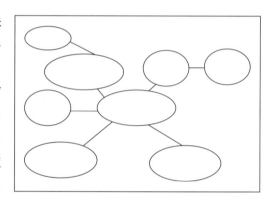

イメージマップと言われて活用されることもありますが,広義には「マッピング(図で考える手法)」の1つと言ってよいでしょう。

❷道徳授業で活用するポイント＆留意点

道徳授業においては,登場人物の気持ちを考えたり,葛藤場面で様々な角度や視点から問題を考えたりすることができます。手軽に活用でき,多面的・多角的に物事を考えることができる汎用性が高い思考ツールです。

長所としては,①短い言葉で簡単に表現できる②様々な角度から考えられる③本音が書きやすい④可視性に優れる⑤思考のプロセスがわかりやすい⑥加筆がしやすい⑦自己評価の材料となる,等が挙げられます。「自己評価の材料になる」とは,ワークシート(ノート)を読み返したとき,思考のプロセスが可視化され,自分がどのように考えていたのかわかりやすいことからです。

また,板書方法として,子どもの発言や考えをランダムに書くのではなく,内容ごとにエリアを決めて書くとよいでしょう。エリアにまとめると思考の整理にもなります。

短所としては,①やや時間がかかる②(教師も子どもも)やり方に慣れる必要がある③向いていない教材がある,等でしょう。

座標軸

❶特徴

「座標軸」とは数学ではX軸Y軸のような座標を決めるための基準となる数直線のことです。そのほか，物事の基準などを意味します。テーマに対して，縦軸（上下）と横軸（左右）を決めて，それに対応する特徴を示していくものです。右図では「関係性」を縦軸に「目標」を横軸として「PM理論」を図にしたものです。目標（Performance）をしっかり意識し，チームの関係性（Maintenance＝健全な状態に保つための維持・点検の意味）がよい状態であれば，「PM型」として活性化された意欲的なチームとなることを示しています。このように縦軸と横軸の基準に対してどのような位置にいるかを示すものが座標です。

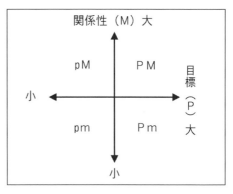

❷道徳授業で活用するポイント＆留意点

道徳授業では，自分の考えがどの位置にあるのかを示すときに有効です。たとえば，「スケール」のような数直線では「よい」「悪い」の軸だけですが，「しようと思う」「しようと思わない」のもう一つの軸を加えることで「よい」と考えているが自分が「しようと思う」と判断する子と「しようと思わない」と考える子が出てもその位置がわかります。また，軸に「目盛」をつけるとその位置をより細かく示すことができます。座標軸によって自分の考えや立場を明確にした話し合いができます。

留意点としてはねらいに応じて「どの軸を設定するか」です。座標軸の作成がゴールではなく，ねらいを達成するための手立てであることを留意する必要があります。

ランキング

❶特徴

ランキング（ranking）とは「物事に順位をつける」ことです。社会科等では，例えば「米の収穫量ベスト10」のように「テーマとなるものに対して順位づけをすること」です。「今，しなくてはならないこと」を書き出して，順位づけをすることもランキングの1つと言ってよいでしょう。

「ビンゴ」の作成も実はランキングの１つと言えます（中央＝ランキング１位，p31 参照）。

❷道徳授業で活用するポイント＆留意点

道徳授業で，将来の夢を実現するために大切なことを考えたとき，思いつくものを書き出した後で，順位づけをする作業がランキングです。「何が大切か」を考える際に整理する手法として有効です。右図のようにテーマに合わせたランキングの表を用いて順位づけをする方法があります。表には「その他」も入れることがポイントです。

「付箋」と併せて活用するものよいでしょう。付箋だと手軽に移動ができます。考えの変化にも対応しやすくなります。「ランキング」をもとにして，「聴き合い活動」でより深めることができます。

● ベン図

❶特徴

部分集合・結び・交わりなどの集合間の関係を視覚的にわかりやすく図に表したものです。イギリスの論理学者ベン（J.Venn）にちなんでいるそうです。例えば２つの物事の相違点と共通点（重なり）を視覚的に表すことができます。３つ関係性を表すこともできます。共通点と相違点が視覚的にわかりやすいのが特徴で，多くの教科で用いることができる手法です。

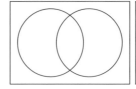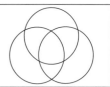

❷道徳授業で活用するポイント＆留意点

道徳授業では，ＡかＢか選択をせまられる場面があります。それらの長所と短所を分類整理する方法（マトリクス等）もありますが，ベン図では重なりを「共通の思い」として整理することができます。例えば，「ぼくらの村の未来」では道路建設に賛成の理由と反対の理由をそれぞれの円の中に挙げていくと重なり合う部分には，「村を大切に思う心」が入ります。このように違いを整理することができるほか，共通の思いに気づくこともできます。

● スケール

❶特徴

　ここで扱う「スケール」とは「ものさし」の意味です。大きさの規模を表すスケールとはやや異なる意味で使います。物事の度合いを数値化する方法（スケーリング）です。たとえば，ラーメンが「好き」か「嫌い」かの度合いを数値化（とても好き＝5点，とても嫌い＝－5点）すると好き（嫌い）な度合いが一目でわかりますし，人により同じ「好き」の範疇でもその

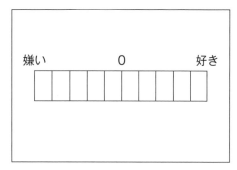

度合いが違うことがわかります。また，「する」か「しない」などの行動選択では，「どちらかといえばする」などの度合いでその人の思いを表現することができます。

❷道徳授業で活用するポイント＆留意点

　道徳授業で活用する「スケーリング」の例としては，「校則はないほうがよいか」という課題の場合，賛成か，反対かの度合いを考えるときに使います。中央を0（中立）とし，左右の位置でその度合いを示す方法で，はっきり賛成（反対）の場合は「スケール」の左（右）端になります。この方法は学習前後の変化がわかりやすいのが特長です。微妙な違いを表現できます。その場所にした理由を話し合うことがポイントです。どちらも「自分の考えを明確にする」ことと「他者との比較」ができるよさがあります。

　その度合いを80点や30点などのように点数で表す方法もあります。

　右図は「ないた赤おに」の場面ごとの心情の変化をスケールであらわしたものです。

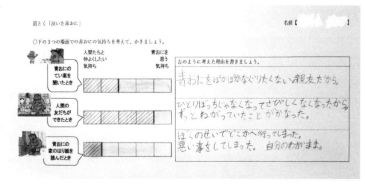

● Xチャート・Yチャート

❶特徴

　Xチャートは4つの視点，Yチャートであれば，3つの視点から問題を考えたり，情報を整理したりできます。

　各教科の授業においては，情報の分類整理に活用できます。考える立場（視点）を決めて，それらの視点で情報を収集し，チャート図に整理することができます。

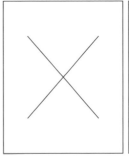

❷道徳授業で活用するポイント＆留意点

　道徳授業では，考える立場（視点）を検討してから進めるとよいでしょう。たとえば，「雨のバス停留所で」をチャート図で考える際には，「よしこ」「お母さん」のほかに「バスを待っている人たち」の視点が必要となります。この考える視点がはっきりすれば，「Yチャートで考えよう」と，この考えるツールを活用することができます。3つの視点からバス停留所での出来事を見つめることにより，多面的・多角的な思考力を養うことができます。ねらいを「規則の尊重」とするならば，Cの「集団や社会との関わりに関すること」ですので，「よしこ」と「お母さん」の視点だけでなく，「バスを待っている人たち」の視点も必要です。こ

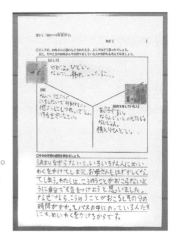

のように，道徳授業の改善においても，これまでの主人公中心に考える道徳授業から，発達段階を踏まえながら，必要な視点を見つけさせて，様々な立場から問題場面を考えさせる授業にしていくことが必要です。

　本書で紹介されている「なくしたかぎ」の実践では，主人公と友達だけでなく，二人の家族の視点も考えることで，よりよい判断につながったと言えるでしょう。

● 熊手チャート

❶特徴

　熊手チャートは，テーマ（課題）に対して，様々なアイデア（考え）を広げ，多面的・多角的に考えることができる方法です。まず，熊手の「柄」の部分にテーマ（課題）を書き，次に熊手の「手（歯）」の部分に考えを書き入れます。熊手の手の数が決められているので，自由な発想よりも少し吟味をしながら考えることができます。（もちろん手の数を増やす方法も可

です)

また，「手（歯）」の部分に視点を書き入れておくと考えやすくなります。

❷道徳授業で活用するポイント＆留意点

熊手チャートは問題に対して，様々な視点から考える場面で特に有効です。多面的・多角的に物事を考える力を養うことができます。熊手の手の部分に自由に書かせる方法もありますが，「視点」をもたせるとより考えが深まりやすくなります。本書で紹介する実践「図書館はだれのもの」では，「子どもたちに考える視点を考えさせている」ところがポイントです。はじめから視点を与える方法もありますが，視点を子どもたちに考えさせることにより主体的に問題に取り組めます。さらに，問題場面で考える必

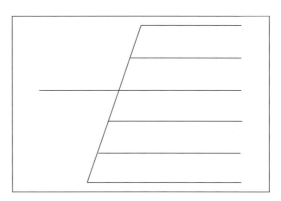

わたし	周りの人を気づかえなかった。申し訳ない。
みちおさん	いらいら。きつく言わなくても→何でだろう。
大学生	勉強に集中できない。図書館は静かにするべき。
来館者	小学生がうるさい。他の人に失礼。周りに迷わく。
図書館員	きまりを守ってもらいたい。他の人のことも考えてもらいたい。
きまり	他の人のことをちゃんと考える。人の迷わくにならないように。

○わたしたちがとった行動について、いろいろな面から考えてみましょう。

要がある視点がわかってきます。ここでは，「私」「みちお」「大学生」「来館者」のほかに「きまり」という視点で考えを深めています。この熊手チャートの整理により，「きまりの意義の理解」「きまりを守ろうとする心を育てる」ことにつながるかどうかが道徳授業でのポイントです。

🌑 データチャート

❶特徴

データチャートは，情報整理表です。テーマ（課題）に対してトピックごとに分類整理する方法です。右表のように，課題に対して「方法」と「実現度」の情報をさらに細かく分類し比較しているのが特長です。

たとえば，「温暖化対策」をテーマとしたとき，「方法」と「実現度」をトピックにし，さらに細分化して分類分析をする方法です。社会科や理科をはじめ様々な授業で活用できます。トピックをどのようにするかがポイントです。

温暖化対策		実現度				
		費用	時間	効果	参画度	対応
方法	工場のCO2削減	莫大	期限を決めて	◎	×	世界規模で
	省エネ生活	小	とてもかかる	少ない	◎	世界規模で
	エコバック	小	とてもかかる	少ない	◎	世界規模で
	自動車排ガス規制	大	期限を決めて	○	×	世界規模で
	森林保護	大	かかる	○	△	世界規模で

❷道徳授業で活用するポイント＆留意点

　道徳授業でも問題場面での情報整理をするときに有効です。しかし，情報を整理・分析するだけでは道徳の授業として不十分です。右図では「絵はがきの料金不足を伝えるか」に対してそれぞれの「立場」で考えただけでなく，「その結果（友情は？）」の列を入れています。行為と思いとその結果を考えながら，「友情」について考えを深める学習に活用しています。整理・分析したものをどう活用するかがポイントです。

「絵はがき」料金不足		立　　場		その結果（友情は？）
		ひろ子さんにとって	正子さんにとって	
方法	不足を伝える			
	不足を伝えない			

● クラゲチャート

❶特徴

　「クラゲチャート」とは，「テーマ（課題）に対して，それに対する根拠や原因となる考えを整理する思考方法」です。まず，クラゲの頭の部分に「テーマ（課題）」を書きます。それに対して根拠や原因となるものを足の部分の円に書きます。足の数は減らすことも書き足すこともできます。また，その逆に，足に書いた要因から「まとめ」をクラゲの頭に書く方法もあります。

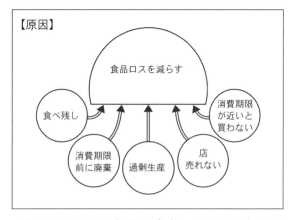

　たとえば，「食品ロスを減らす」というテーマをクラゲの頭の部分に書き，その原因となる「食べ残し」「消費期限前に廃棄」等をクラゲの足の円に書き込むものです。「クラゲ」という形がユニークで「テーマ」と「原因・根拠」との関係がわかりやすいので子どもたちは意欲的に取り組めます。

❷道徳授業で活用するポイント＆留意点

　道徳授業においては，葛藤場面で様々な角度や視点から問題を考えるときに有効です。右図のように2つ活用することもできます。「コジマくんはどうしたらよいか」という課題に対して①自分の考え（「ピアスを外す」）

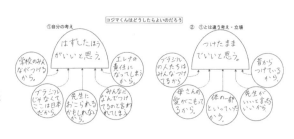

と②①とは違う考え・立場（「ピアスを付けたままでよい」）からその理由をクラゲの足（円）に記入させています。「どうしたらよいか」を考えさせる場合に，クラゲチャートを活用して，両面からその理由を考えさせることで，多面的・多角的に物事を考えることができます。その後の話し合いがしやすくなります。

🥄 ピラミッドチャート

❶特徴

ピラミッドチャートとは段階的に思考を構造化する思考ツールです。たとえば，まずテーマに対して調べたことを①にたくさん箇条書きで書きます。移動がしやすいように付箋を使うのもよいでしょう。次にその中からテーマに対して②主張したい事実を絞ります。さらに③にその中から最も取り上げたいものに意見を加えて書きます。この三段階のプロセスを通してテーマに対して，自

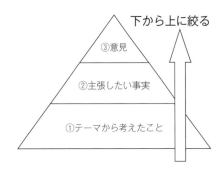

分が主張したい内容が明確になってきます。具体的には「温暖化防止を考える」テーマであれば，「温暖化の原因」を①に挙げ，特に重要であることや自分たちも関与できることを②に書きます。そして，さらに自分が取り組めるものを根拠とともに③に書きます。このように考えを段階的・構造的に整理する方法です。

❷道徳授業で活用するポイント＆留意点

道徳授業ではたくさんある考えの中から話し合いを通して大切なものを明確にするプロセスとして活用できます。右図は「何のために働くのか」を問いとして作成したピラミッドチャートです。下段には働く理由として思いついたもの書きます。中段にはその中で大切だと思うことを選びます。さらに上段には特に大事にしたいものを理由とともに明確にします。右図では「利用者さんの笑顔」「喜んで

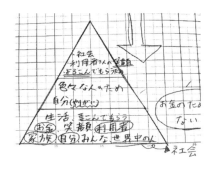

もらう」が上段に書き込まれています。このように，上段に進むにつれて「自分が大切だ」と考えるものが明確になっていく方法です。ピラミッドチャートを作成するプロセスで，自分が大切にしていきたい道徳的諸価値について向き合うことができます。

🥄 バタフライチャート

❶特徴

中央に書き入れたトピック（課題）について，右側に「賛成」・「強い賛成」の理由を書き，

左側には「反対」・「強い反対」の理由を書きます。その両方の立場になって検討します。物事の「プラス面」と「マイナス面」の両面から考えることができます。多面的・多角的な思考を促すツールの1つです。「両面から考える」点と「理由の順位付けができる」ことが特長です。（参考：黒上氏シンキングツール）

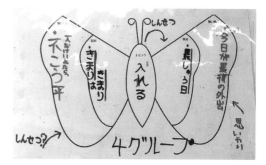

❷道徳授業で活用するポイント＆留意点

　賛成と反対の理由を2段階（賛成と強い賛成等）で検討する思考ツールです。バタフライ型なので，子どもたちも意欲をもって取り組みます。ポイントは「賛成」と「反対」など，対立するものを両面から考えさせることにあります。自分の考えだけでなく，相手の立場で物事を考えることができます。

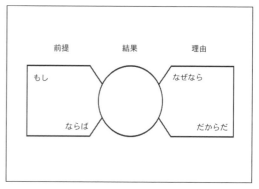

　右図は「遅れてきた客（おばあさん）」を「美術館の中に入れるか」をトピック（課題）にグループで両面から考えたものです。「強い理由が何か」が特に重視している点となります。授業者は教材から「何を考えさせるか」を明確にする必要があります。

　「ウェビング」と同様，両面から考えることは，「多面的・多角的思考」を促すだけでなく，相手に対する「思いやりの心」「他者への想像力」を育てることにつながります。

🔵 キャンディチャート

❶特徴

　「キャンディチャート」というネーミングがよいです。子どもたちも楽しく取り組めます。キャンディチャートは，予想することを助ける思考ツールです。予想するときには前提の条件があり，それによって結果が変化します。キャンディチャートは，「左側」に「もし〜ならば」と前提となるものを書き，「中央部分」にその予想される結果を書き，「右側」にはそのように考えた「理由」を書きます。「AならばB。BならばCとなるだろう」のように論理的思考を促します。これまでの「常識」や「経験則」であってもよいでしょう。自分なりの根拠・理由があること

がポイントです。

　例えば「ごみのポイ捨てがなくなる」を「中央部分」に書き込んだとすると「左側」に１つの方策として「（もし）罰金を取る（ならば）」が入ります。そして，「右側」には理由として「ポイ捨てで罰金を払うのが嫌だから」を書き入れます。「中央部分」を同じ課題にして，いくつものキャンディを理由とともに作成することができます。推論する力，論理的思考力が養われる方法です。

❷道徳授業で活用するポイント＆留意点

　道徳授業では，問題解決的な学習の１つとして活用できます。中央部分にテーマ（課題）となるものを入れ，左側に「もし〜ならば」と解決策を考え，理由

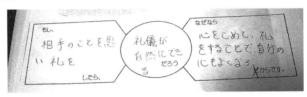

を右側に書きます。右図では「礼儀が自然にできる」前提として「もし，相手のことを思い礼をしたら」が書き込まれています。「なぜなら，心をこめて，礼をすることで，自分の心もよくなるからです」と書かれています。方策の裏にある心まで考えられています。「礼儀」の大切さや心構えについて自分の考えが整理されやすい手法です。

● フィッシュボーン

❶特徴

　フィッシュボーンとは問題解決を視覚的に整理する方法で，「特性要因図」と呼ばれています。結果のために関連する要因を系統的に整理していくとちょうど魚の骨のような形になることからその名前がつけられたそうです。考案者は日本人の石川馨氏です。

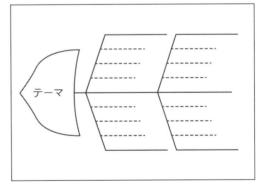

　頭の部分は「課題（テーマ）」です。付箋で要因を挙げたあと「骨」にそって関連する要因を整理します。問題発見にも役立つ手法の１つです。「骨」に要因の名前をつけることでまとまりが整理できます。問題解決的学習であるPBL（Project Based Learning）でも用いられている手法です。

❷道徳授業で活用するポイント＆留意点

　道徳授業で活用する場合，考えるテーマに対して「骨」ごとに要因（理由）を考えていきますが，その「骨」に「名前をつける」ところがポイントです。その名前が「道徳的諸価値と関連する」ことにも気づくことができます。右図では「仕事のやりがい」について作成したフィッシュボーンですが，骨の名前として，「達成感」「みんなの笑顔」「犬の元気」「飼い主の気持ち」等が書かれています。それらは，「生命の尊さ」「思いやり」「感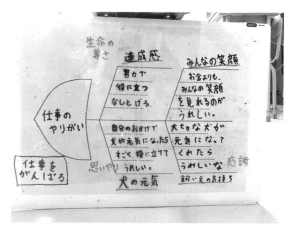謝」につながることがわかります。考えを整理，分類することで，その奥にある道徳的諸価値についても気づかせることがポイントです。フィッシュボーンの作成がゴールではありません。

🔵 コンセプトマップ

❶特徴

　コンセプトマップとは概念（コンセプト）と概念の関係を線で結び関係を視覚的に表す方法です。

　知識や概念間のつながり（関係性）が視覚的にわかりやすいので，体系的な理解につながります。

　例えば，「地域の魅力」を中心テーマとしたとき，「自然」や「特産物（産業）」や「伝統文化」等の視点が生まれます。あるいは「魅力」を考えていったときに出てきたもの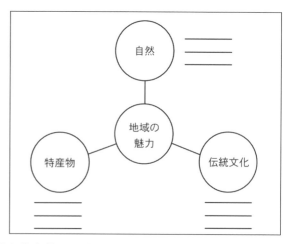が，「自然」「伝統文化」「特産物」のほかに「人物」等に分類できるでしょう。地域の魅力としての要素が見えてきます。きっと特産物（産業）と自然は関連していますし，人物も特産物にかかわった人が出てくるかもしれません。このように視覚的につながり・関係性を表すものです。社会科や総合的な学習の時間等で活用できます。

❷道徳授業で活用するポイント＆留意点

　道徳授業では「概念と概念の関係性を表すこと」での活用は難しいかもしれません。しかし，それぞれ視点に立ち，関係性を明確にしていくときには役立ちます。右図は主人公「こうい

ち」と「ゆうた」の視点だけでなく，「クラスの友達」を含めた３つの視点から考えさせたものです。矢印で相互の視点を表しています。板書では，子どもたちの発表によって，「こういち」から見た「ゆうた」なのか「ゆうた」から見た「こういち」なのかわかるようにするとよいでしょう。このように全体の関係性を視覚化することにより，問題が整理され，判断をするときの手がかりとなります。

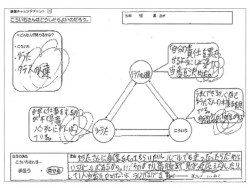

原博恵「道徳チャレンジプリント」（平成30年度長期研修生報告書）より

心情円

❶特徴

「心情円」は，その名のとおり，現在の自分の心情を割合で表すものです。色の違う２つの円を重ねて，動かしながら，その割合で心情を表します。「スケーリング」の１つといってもよいでしょう。たとえば，「賛成」か「反対」かを問われたとき，迷っているときは，賛成と反対の割合を半分半分で示すことができます。円内の色が占める割合がそのときの自分の気持ちです。

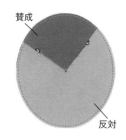

自分の気持ちを言葉ではなく，視覚的に表すことができ，低学年の授業でも活用しやすいツールです。また，（色の割合で）一目で考えがわかるので，友達と比べて理由を話し合うときにも活用できます。教師からみると一人ひとりの心情（立場）が視覚的にわかりやすいので意図的指名に役立てることができます。道徳の時間以外でも自分の意思を表現する場合に活用できます。二者択一ではない微妙な心の状況を表現できるツールです。

❷道徳授業で活用するポイント＆留意点

心情円は主に道徳の時間に活用されるツールです。心情円で「肯定的な心（青）」と「否定的な心（赤）」との２色でどちらの割合が多いかを操作して，自分の考えを可視化します。「登場人物と自分を置き換えて」考えさせるときに活用できるなど，自分と重ねて考えさせるツールとして活用できます。同様に，賛成・反対への度合いなどの自分の微妙な気持ち（立場）を表すことができます。

議論するツール

🌑 付箋によるKJ法

❶特徴

　文化人類学者の川喜田二郎氏が考案したアイデアを分類整理する方法です。（KJは川喜田二郎氏のイニシャルからとられたものです）。テーマ（課題）に対して，付箋などの紙1枚に1つの事柄を書きます。それをグループでまとめて整理し，似ているもので「島」をつくります。その島に名前をつけ，考えを分類整理する方法です。

　比較的簡単で視覚的にもわかりやすく，グループでの相互の活動が活発にできることから，教員研修等でも多く用いられています。子どもたちでも十分できる分類整理法です。

❷道徳授業で活用するポイント＆留意点

　道徳の時間では，一人ひとりが自分の考えを明確にすることと，グループのメンバーとの意見を分類し，調整するときに有効です。課題を見つける際には特に効果的な方法です。付箋に書くことで自分の考えが明確になります。付箋やKJ法の活用をすることから，他のメンバーの意見と比較することができ，多面的・多角的な見方，考え方へと発展させることができます。

🌑 聴き合い活動（シェアリング）

❶特徴

　聴き合い活動とは，「グループメンバーの一人ひとりの考えを伝え合い，聴き合い，質問や意見を通して自分の考えをより明確にする活動」です。基本的なやり方は次のとおりです。

　グループ（4人程度）内で司会を決めます。そして，話す順番を決めます。まず，最初のAさんが「私が大事だと思ったのは〇〇です。その理由は□□だからです」等のように理由を明確にしながら自分の考えを伝えます。残りの3人はうなずきながら相手をみて終わりまで聴きます。次に「質問タイム」です。「〇〇が大切な理由をもう少し詳しく教えてください」「〇〇は大事だと思いますが，△△についてはどう思いますか」等です。そして，「意見タイム」になります。「私もAさんの考えに〇〇だから賛成です」「Aさんの□□という理由になるほどと思いました」等と相手の意見に肯定的な部分をだしながら，自分の意見を伝えます。このパターンでBさん・Cさん・Dさんと繰り返します。

　このプロセスを通して，自分の考えがより明確になるとともに相手から認められている実感

がもて，安心感が高まります。国語や特別活動でも取り入れることができます。（参考：尾高正浩『「価値の明確化」の授業実践』明治図書，2006）

❷道徳授業で活用するポイント＆留意点

　道徳授業では，グループで何らかの結論を導き出す授業（クローズドエンド）ではなく，それぞれの考えが尊重されるような授業（オープンエンド）に用いると効果的です。たとえば，「友情」について自分の考えを深める授業です。「すてきな友達」をテーマに「どんな人と友達になりたいか」を話し合うとどの考えも否定することはできませんし，その人の考えに対して，質問や意見を言うことで学ぶこともあります。自分の価値観を明確にすることができ，肯定的に聴いてもらうと気持ちも温かくなる授業になります。「グループ活動で時間がかかる」という心配は，やり方に慣れることである程度軽減できます。教科書教材で「友情」等について考えたあと，聴き合い活動で自分の考えを明確にする授業も効果的です。

🌑 ビンゴ

❶特徴

　ビンゴ（bingo）とは，数字合わせのゲームの1つです。マスの数はそのときで変わりますが，人より早く「縦」「横」「斜め」のいずれかがそろえば勝ちというゲームです。「ビンゴシート」が発売されているほど定番のゲームで，運に左右されるゲームといってよいでしょう。応用編として，数字の代わりに「お題に沿った言葉」（例えば，「都道府県名」「果物」「動物」等）を入れることで学習や人間関係づくりにも活用できます。

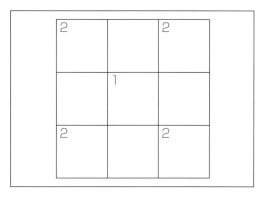

❷道徳授業で活用するポイント＆留意点

　一般のゲームは「数字」で楽しみますが，「数字」を「○○のよいところ」としてみてはどうでしょう。例えば，「日本のよいところビンゴ」を9マスで行った場合，最も有利な「中央」に入れるものが「一番出そうなもの（ランキング1位）」になります。次に有利な場所は「四隅（角）」です。つまり「四隅に入れたものが出そうなものの2〜5位」になります。その他は，以下，6〜9

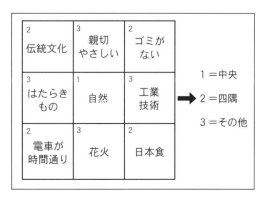

位となるものです。「中央」「四隅」「その他」の三段階のピラミッド・ランキング（前図）と表現した方がわかりやすいでしょうか。

　以前，外国人が選択した「日本のよいところビンゴ」を子どもたちとしたことがあります。外国人から認められた「よさ」をどう考え，どのようにして大切にしていくのかを子どもたちと話し合いました。このときは「親切」が上位にランクされたので，ビンゴができなかった子もいました。「自然」や「日本食」だけでなく，自分たちも受け継ぐことができる「やさしさ」等についても考えることができました。ビンゴは楽しいので，盛り上がりすぎると，本来の道徳的ねらいが薄れることがあります。留意して活用してください。

🗨 宿題の活用（事前学習）

❶特徴

　「宿題」とは，「与えられた課題（従来学校でやっていたようなもの）を家庭で解決する，学んでくる方法」です。「反転授業」としても取り入れられ，学校での授業では「宿題」についての自分たちの考えを交換し合ったり，課題について深く議論したりする授業になります。授業では教材理解の時間が短縮され，話し合い（議論）の時間が確保できます。一方で個人による差も生まれやすく，同じ課題であっても，その理解度が異なることがあり，学校での学習が深まらないこともあります。

　国語科や社会科，家庭科等のほか，多くの教科で活用できます。

❷道徳授業で活用するポイント＆留意点

　家庭で道徳教材を読んで，概要を理解し，考えをもって学習に取り組む方法です。「考え，議論する道徳授業」を実現する上でも，とても大切な取り組みの1つです。道徳の教材は高学年になるにつれ，長く複雑になり，読み取り（理解）に時間がかかることが少なくありません。そこで，宿題として事前に教材を読み，ある程度内容を理解した上で自分の考えをもって授業に臨む学習方法は今後注目されてもよいと考えます。まさに道徳科の「反転授業」です。個人によって理解の差があっても，学校での道徳授業によって深い理解へと変えることができます。授業時間の教材を読む時間が短縮され，話し合いの時間が確保できます。また，事前に子どもたちの教材に対する感想や意見を知ることによって，教師は授業構成を考える参考にしたり，意図的指名に役立てたりすることができます。また，子どもたちにとっても事前の考えと事後の考えが比較しやすくなります。授業評価の記録としても活用できます。

● トーキングサークル

❶特徴

　トーキングサークルとは，ネイティブアメリカンの伝統的な対話の方法です。参加者で円になり，「トーキングピース（例えば「鳥の羽根」や「ペン」等）」を持った人が発言し，その話が終わるまで他の参加者が聞くという方法です。一人ひとりを尊重する方法です。

　学級づくりの方法としても活用している例があります。また，ＰＢＬ（Project Based Learning）の振り返りの場面でも活用されています。上杉賢士・市川洋子らが企画実践しているＰＢＬを援用した企業人材育成講座においても全体の振り返り場面として「トーキングサークル」が活用されています。

❷道徳授業で活用するポイント＆留意点

　一人ひとりの考えや発言を尊重する方法として有効です。「議論」ではなく，お互いの考えを認め尊重する方法です。自分の話を聴いてもらっている感覚が育ち，温かい雰囲気が生まれやすくなります。

　道徳授業では，「どの考えも尊重される場面」たとえば，振り返り（シェアリング）の場面などでお互いの考え，気づきを聴き合うのもよいでしょう。「トークキングサークル」を活用した実践についてはp120 〜 125をご覧ください。

● 役割取得

❶特徴

　役割取得能力とは「自分の立場からだけでなく，他者の立場に立ち，相手の感情や思考を理解できる能力」（Selman）です。自分の気持ちと同様に他者の気持ちを考え，理解する力は社会で適応するために重要です。「自分が相手の立場だったら……」と考え，自分の言動を調整

する力は，問題場面での判断や人間関係形成においても大切な力です。しかし，社会の変化や子どもたちの遊びの変化に伴い，「他者の立場に立ち，感情や思考を理解する」体験が不足しているのではないでしょうか。だからこそ，学校教育の中でも「役割取得」を体験的に行うことも子どもの成長を支える上で意味があることです。

社会科や道徳など，一方方向ではなく，別の視点に立って考える必要があるとき，対立する価値や選択があるときなどに「役割取得」が活用されています。役割として「相手の立場になって考える」ことを通して，相手の感情や思考が理解しやすくなります。

❷道徳授業で活用するポイント＆留意点

「他者の立場に立って，相手の感情や思考を理解する」ことはまさに道徳的な問題を解決するためにもよりよい社会を形成する一員としても必要な力です。道徳授業では，対立する場面において，「賛成派」と「反対派」に分かれるときに，機械的に役割を割り当て，「本来の自分の考えではない立場」に立って問題を考える方法です。そのとき，その立場の根拠だけでなく，「感情面の理解」がポイントです。立場に立ったことで気づくこともあります。

その上で「立場を解除」。自分の考えを見つめ直し，最終判断をします。このように，問題場面において，相手の感情や思考を理解して判断することは，よりよい意思決定をするために必要です。

❖ ペアトーク

❶特徴

「ペアトーク」とは，隣同士など二人組でお互いの考えや意見を聴き合う方法です。学級全体の前では話しにくい場合でも2人なら話しやすくなります。言語化して相手に伝えることで自分の考えが明確になります。また，相手の話により，自分の考えと似ているところを見つけたり，比べたりすることができるのも特長です。ポイントは，お互いの話を聴き合える関係があること。その関係を築くためには，たとえば

「聴き方あいうえお」（相手を見て，うなずきながら，笑顔でおしまいまで聞く）のような「聴

き方の約束」が必要です。質問をするのも積極的な聴き方です。二人組で考えを交流できれば，その後の話し合いも活発になります。

　練習方法としては「好きな食べ物」や「日曜日の出来事」等の話しやすいものをテーマに「朝の会」等で時間（1分〜2分）を決めて「ペアトーク」をするのもよいでしょう。

❷道徳授業で活用するポイント＆留意点

　道徳の時間に発表する人が限られることがあります。そんなとき，「ペアトーク」は有効な手立ての1つとなります。道徳の時間は自分の考えをお互いに交流しながら，自分の生き方を考える時間です。どんな意見や考えでもペアの相手に伝えることで「自分の考えに自信をもつ」ことができます。しっかり聴き合うことで認められている意識が高まります。

　また，異なる意見の場合でもお互いの考えを質問しながら理解し合うこともできます。

　「ペアトーク」の後では，全体での意見発表がしやすくなります。教師は「ペアトーク」の最中に机間指導をし，うまく意見が交流できていないペアのサポートをします。あわせて，それぞれのペアの話を把握し，全体での意図的指名に役立てることもできます。

　ワークシートやノートに考えを書いたあと，お互いにペアトークで意見が交流でき，質問ができるようになると授業が活性化します。ポイントは一方的に「話して終わり」にならないことです。同じ点や違う点などを交流し合うことが大切ですね。

🌑 ディベート

❶特徴

　教育で活用されるディベートとは「論題に対して，肯定する立場と否定する立場とに分かれ，根拠に基づいた議論によってどちらが優位かを判定するコミュニケーション活動」です。判定をする第三者の「ジャッジ」を置くことがポイントの1つです。「ジャッジ」に支持してもらうために，様々な根拠を提示したり，相手の主張に対して反

証したりすることを通して，論理的思考力，批判的思考力，表現力等を養うことができます。

　国語科だけでなく，社会科などでも用いられる手法です。現在では，中学・高校生の全国的な「ディベート大会」も開催されています。（参考：日本ディベート協会ＨＰ）

❷道徳授業で活用するポイント＆留意点

　道徳授業でもジレンマ教材などを活用して「ＡとＢの立場に分かれて議論」する授業を展開することがあります。「肯定派」「否定派」と「ジャッジ」に分かれるスタイルのほか，簡易的

に「ジャッジ」を置かずに２つの立場で議論するスタイルが多くみられます。道徳授業では「勝ち負け」が目的ではなく，議論を通して，多面的・多角的に考え，価値の理解を深めたり，道徳的判断力を高めたりすることを目指すものです。そのため，途中で立場を解除して，「自分の判断で考えさせる」ことがポイントとなります。このような目的を授業者は理解し，子どもたちには「ディベートは勝ち負けが目的ではない」ことを明確にした上で，何のために議論するのかを示す必要があります。

　根拠をもって論理的に主張し，批判的思考力を活用して，相手に反論することは「考え，議論する道徳」の目指すところに近いように思えます。しかし，一方で，「勝ち負けが問題ではない」としながらも子どもたちは議論が白熱するほど，勝ち負けにこだわる傾向がみられ，本来の道徳的ねらいが薄れてしまうことが少なくありません。ディベートのもつ長所と短所を理解し，子どもたちの実態を踏まえた上で活用するとよいでしょう。

🟤 コミュニケーションボード

❶特徴

　「コミュニケーションボード」とは，「障がいのある人や外国人など，話すことによるコミュニケーションが難しい方に対して，共通理解できるわかりやすいイラスト等を活用して意思を伝え合うことができるボード」の意味がありますが，ここでは，グループで課題について話し合いをするときに，共有するための「ボード」を指します。グループで同時に見たり書いたりすることができ，グループの話し合いのプロセスを残すこともできます。また，話し合いの結果を簡潔にまとめて，発表するときの資料とすることもできます。

　各教科においても「問題・テーマ」等に対して，グループごとに話し合いをさせて，その結果を小黒板やホワイトボード（小）にまとめさせて発表させる学習が増えています。書いたり消したりすることが容易なことも特徴の１つです。

❷道徳授業で活用するポイント＆留意点

　道徳授業においても「グループで話し合い」をさせる授業方法を取り入れることがあります。グループで「どのような考えや意見が出たのか」を紹介し合うような授業に有効です。役割を決めて全員が参加する活動に使う道具としても有効です。視覚的にわかりやすくなり，板書で整理する際にも活用がしやすい汎用性の高いツール（道具）です。「時間がかかる」等の課題は日常の授業等で活用を繰り返

すことで，「時間短縮ができる」ほか，「見やすさ」「まとめ方」「発表の仕方」等のスキルも向上します。

（土田雄一）

3章

考えるツール&
議論するツールでつくる
新授業プラン

事例 1

宿題・ウェビングを活用した授業

―七つの星（2年生）―
（出典：日本文教出版）

諸富祥彦の"ココ"がポイント！

　ウェビングは，考えを広めたり，深めたりしていくための最強のツールです。この授業では，宿題でまず子どもが自分一人で考えを広めていき，さらにそれを授業でみなで展開しています。この際，宿題で子どもが戸惑わないように，ウェビングの簡単な練習をしている点が，授業者の優れた点です。また授業中，「どんどんグレードアップ」という子どもの貴重な発言をきちんと拾って後につなげている点も優れています。この「どんどんグレードアップ」は，「家族内のやさしさ」から「見知らぬ他者へのやさしさ」へ，という「道徳的認知の発展」を意味しているからです。子どもの貴重な発言をきちんと広げて後につなぐのは優れた授業者に共通する点です。

❶考えるツール＆議論するツールの活用ポイント

　ポイントの1つ目は，「何のために」という目的と，「どのような宿題を」という方法をセットで考えることです。宿題をいつ行うのか（事前／事後）や何を考えるのか（本教材／別教材／内容項目や学習テーマ）を，目的に合わせて構想します。2つ目は，宿題をもとに指名計画や板書計画を立てることです。3つ目は，宿題を授業でどう生かすかを構想することです。

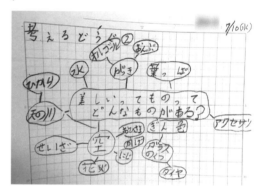

❷白熱した話し合いをつくるその他の工夫

　板書を工夫したり，ウェビングに追記する活動を取り入れたりすることによって，学んだことを可視化し，子どもが自覚できるようにしました。

　ウェビングを板書する際には，「もの」「自然」「生き物」「心」など，仲間分けをして板書します。ねらいとする「心の美しさ」は，教材で学ぶ前には子どもから出る可能性が低く，宿題でかくウェビングは，目に見える美しいものが中心になります。その後，本時で「目に見えない心の美しさ」を学んだ後，ウェビングに追記する活動を取り入れます。学んだことが見え，事前のウェビングと比べることができるため，子どもが本時で学んだことを自覚することができるのです。そして，教師の側は，子どもの学習評価・自身の授業評価に生かすことができます。

本時の流れ

（1）主題名　美しい心
（2）教材名　七つの星（出典：日本文教出版）
（3）ねらい　美しさには心の美しさもあることに気づき，美しい心を見つめていこうという心情を育む。
（4）展開の大要

	学習活動・主な発問と予想される子どもの反応	指導上の留意点
導入	1　学習テーマ「美しいもの」について考えてきたことを聞き合い，学習課題を設定する。 【もの】宝石，しゃぼん玉 【自然】空，星座，太陽，夕日 【生物】タマムシ，セミの羽 【音や光】音，祭り 「美しいもの」について，考えを広げたり深めたりしよう。	・学習テーマや宿題のノートを確認する時間をとり，共通の土台をつくる。 ・仲間分けして板書し，学習活動3で「心の美しさ」について書き足されたことがわかりやすくなるようにする。
展開	2　教材「七つの星」を読み，話し合う。 ○ひしゃくに，水がたまっていたのはどうしてだと思いますか。 ・お母さんのためにがんばった優しさが理由。 ○木のひしゃくが，銀のひしゃくになったのはどうしてだと思いますか。 ・女の子が，犬を助けたから。 ○金のひしゃくになったのは，どうしてだと思いますか。 ・お母さんから女の子への優しさ。 ◎ダイヤモンドが出てきたのはどうしてでしょう。 ・旅人を助けたから。　・知らない人への優しさ。 3　学んだことをもとに，新たに考えた「美しいもの」をウェビングに追記する。 ○新しく見つけた「美しいもの」はありますか。 ・心。　・目に見えないもの。	・4つの発問を通して，以下の心の美しさについて考えられるようにする。 ①子から親への優しさ ②他の生き物への思い ③親から子への優しさ ④見知らぬ人への優しさ ・特に①と④のちがいは気づきにくいので，子どもから出ない場合にはちがいを問う。 ・教材で学んだ後にウェビングに書き込むことで，学びが視覚化されるようにする。
終末	4　今日学んだことの振り返りをする。 【振り返りの項目】 ①「美しいものってどんなもの？」について，今日学んだことは… ②その他，書きたい振り返り	・振り返りの項目を設けて，振り返りに一定の枠をつくり，子どもの書きやすさを保障する。

（5）評価　美しい心を見つめていこうという思いを高めているか。（発言・ノート）

● 授業の実際

❶教材のあらすじ

　女の子が，病気のお母さんに飲ませる水を探しに出かけました。しかしどこにも水がなく，倒れてしまいます。目を覚ますと，持っていたひしゃくに水が入っていました。その後も，女の子の優しさや母の愛にふれるたび，ひしゃくが銀，金と姿を変えます。そして，疲れた旅人にひしゃくを渡したとき，ひしゃくからダイヤモンドが七つとび出して空高くのぼり，ひしゃく星になりました。

❷宿題

> **ツール活用のポイント**
>
> 　宿題を取り入れる際には，家で子どもが困らずに，授業のねらいに即したものを書いてこられるようにすることが大切です。家に帰って「どうやるんだっけ？」と子どもが戸惑ったり，宿題を集めてから授業者が「求めていたものとちょっとちがうなぁ……」と困ったりしないよう，子どもが見通しをもてる説明や活動を取り入れるとよいです。

　本実践は子どもがウェビングをかく初めての実践でした。そこで，楽しみながら「あぁ，ウェビングってこうかくんだ」と理解できるようにするために，教室で「本村先生ってどんな先生？」というイメージを出し合い，ウェビングとは何かを説明してから，宿題を出しました。宿題は，「美しいものってどんなもの？」という学習テーマについてのウェビングをかいてくることです。

❸導入

　授業のはじめには，宿題の発表の前に，「テーマは何だったか」「自分はどう考えてきたか」を思い出す時間をとり，共通の土台をつくります。まず，「宿題でウェビングをかいてきたね。テーマは何だったかな」と問い，「美しいものってどんなもの？」という学習テーマであったことを確認しました。そして，自分のノートに何を書いてきたかを読み返すよう指示しました。

　その後，発表する時間をとり，仲間分けしながらウェビングを板書しました（次頁の板書の右部分）。そして，「『美しいもの』について，考えを広げたり深めたりしよう」という本時の学習課題を板書しました。

❹展開

　ひしゃく星を知らない子どものために北斗七星の写真を見せた後，場面絵を提示しながら教材を読み，話し合っていきました。1つ目の発問「からっぽだったひしゃくに，水がたまっていましたね。どうしてだと思いますか？」には，Aさんが「女の子がお母さんのために水を探しに行ったのを，神様が見ていたから」と答えました。Bさんが「女の子があまりにもたおれそうだったから，水をくれた」と付け足し，Cさんは「女の子の優しさ」と答えました。このように，行動のよさにも心の美しさにも気づくことができました。

　2つ目の発問「木のひしゃくが，銀のひしゃくになったのはどうしてだと思いますか？」では，Dさんが「最初と同じで，犬に水をあげたから」と答えました。その後Aさんが，「そうそう，だからだんだんグレードアップ」とつぶやいていました。このAさんのつぶやきが生きる展開を後でつくろう，と思いながら次の3つ目の発問をしました。

　「そうしたら，次の金になったところは，どうですか」の発問によって，「お母さんが，『先にお飲み』って言ったから」（Bさん），「今までは女の子の優しさだったけど，今回は，お母さんの優しさ」（Eさん）というように，親から子への優しさにも気づくことができました。

　4つ目の発問は，「じゃあこの場面でダイヤモンドが出てきたのは？」です。「旅人を助けたから」（Fさん）という考えが何人かから出されました。ここは，「見知らぬ人への優しさ」を学びたい場面です。そのため，「さっきAさんが，『だんだんグレードアップ』って言っていました。こっち（旅人のため）の方がグレードアップなのは，なぜ？どういうちがいがある？」と補助発問をすると，Gさん「ずっと女の子が飲みたかったのに，がまんしていたから？」，Hさん「最初はお母さんのために探していたけど，知らない人のためにあげているから」，そしてIさん「女の子が何度も立ち上がっているから」のように，私がねらっていたことをさらに超えて，心の美しさについて新しい考えに気づくことができました。

　「このお話を聞いて，新しく見つけた『美しいもの』はありますか？」の発問には，Jさんが「女の子とか，お母さんとかの，優しさ」と答えました。このような大切な発言は，すぐ受

け取らずに，周りに広げることが大切です。「Jさんが言ったのは，どういう意味だと思う？」と聞くと，「女の子にも優しさがあるし，お母さんにも優しさがあるし，優しさは一番美しい」「女の子とお母さんの心の美しさ。人のためってことは，心が美しい」と，周りの子どもたちも自分の言葉で説明できました。「目には見えない美しさ」という本時の価値理解を全員のものにするために，「目には見えない」とつぶやいていたAさんに「さっき『目には見えない』とも言っていたね。くわしくみんなに聞かせて」と言いました。Aさんが「目には見えない，神様とかには見える目に見えない優しい心」と語ってくれました。それを板書し，本時の宿題・思考ツール活用の中心である，新しく見つけた「美しいもの」をウェビングに追記する活動を行いました。色を変えて赤でノートに書き込むことで，学習後に考えが付け足されたことが子ども自身にも一目でわかります。

　ウェビングにかき足す時間をとった後，いくつか発表するよう促しました。「心」「親切」「助け」「大事な人」などの意見を，色を変えて板書しました。「まだかきたい」という子どもが複数いたため，振り返りを書いたり，ウェビングにかき足したりする時間にしました。

❺終末
　「振り返り」として自分の考えをノートにまとめ，授業を終えました。

【子どもの振り返り例】

さいしょは美しい心とか心のことをぜんぜんおもいつきませんでした。でも，Aくんとかに目にはみえないものとか，やさしさの心とか，七つの星をよんで，心も美しいんだな。と学びました。（Kさん）

美しいものとは，ぼくがおもうのは「ゆうき」です。ゆうきとは，○○をしてあげるということもゆうきです。そのほかいまのお話で美しいと思うのは，女の子です。女の子はじぶんのためではなく家ぞくや人のために水とか人のためにしているから，ぼくはすごくそう思います。（Bさん）

---

❻授業を終えて
　宿題やウェビングを導入したことでねらいにせまることができたと感じています。また，ただ思考ツールを取り入れればよいということではなく，「授業の実際」に示したように，ねらいにせまるために子どもたちの発言をとらえて，立ち止まったり広げたりすることがやはり重要なのだと改めて感じました。

ツールの実物

　本実践ではワークシートではなく，ノートを使っています。ふだんからノートを使って学習をしているからです。また，ワークシートがなくても，今後の学習で必要なときに自分でウェビングを使ってほしいという思いがあるからです。クラスのこれまでの学びの実態に応じて，ワークシートを使用するとよいと思います。

　例えば，Lさんは以下のようなウェビングをかきました。

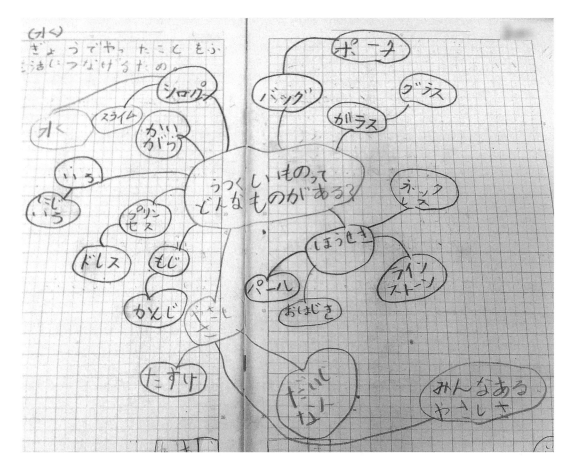

　ノートを使う場合には，見開き2ページでかくようにするとよいでしょう。後からどんどん浮かんできてもスペースに余裕があり，本実践のように「後から追記する」というような活動も行いやすいからです。同様に，ワークシートを使う場合には，ウェビングをかくスペースがたっぷりとあるようにするのがおすすめです。子どもの思考が広がっていきやすくなります。

（本村徹也）

事例 2

座標軸を活用した授業

―島耕作　ある朝の出来事（6年生）―
（出典：廣済堂あかつき「中学生の道徳　自分を見つめる1」）

諸富祥彦の "ココ" がポイント！

　座標軸のよさは，他の人との考えにおける自分の考えの位置が一目見ただけでパッと視覚的にわかる点です。この授業のように，グループでの話し合いでは小さなホワイトボード，学級全体での話し合いでは黒板に座標軸を示すとよいでしょう。ネームプレートという自由度の高いツールを使うことで，話し合いの中で自分の考えが変われば，ネームプレートを動かすことができます。そのとき大切なのは「どのような理由で」考えを変えたのかに焦点を当てることです。「自分が正しいことをしようとしても，相手のことを考えないと，みんなが嫌な思いをするということを知りました」という言葉が，この授業で子どもが「道徳で最も大切なこと」を学び得た証ですね！

❶考えるツール＆議論するツールの活用ポイント

　一人ひとりが自分の考えを明確にもって話し合うために，座標軸を活用します。座標軸の内容は，「他者から見たときの善し悪し」「同じ経験の有無」「共感の可否」など，学習のねらいに応じて変えることができます。今回の学習では，座標の1つの軸は，主人公の行動をよいと思うかどうかを考えるような内容にします。そして，もう一方の軸は，主人公と同じ行動をする意欲の大小という，自分との関わりから考えるような内容にします。座標の中で自分の考え

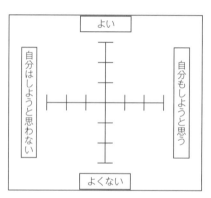

を示す位置に丸をつけることで，自分の考えを明確にできます。また，話し合い時に座標につけた丸の位置と理由を伝え合うことで，友達の考えをより理解することができます。

❷白熱した話し合いをつくるその他の工夫

　座標軸をもとにグループや全体で話し合う際に，座標の中で自分の考えを示す位置にネームプレートをはることで，一人ひとりの考えが視覚的にわかりやすくなります。また，話し合いを通して自分の考えが変わったら，ネームプレートの位置や色を変えるようにすることで，一人ひとりの考えの変容がわかりやすくなります。思考を視覚化し，様々な考えを共有できるようにすることで，子どもたちが主人公の気持ちや行動，親切ということについて，より多面的に理解できます。

🟤 本時の流れ

（1）主題名　相手の立場に立って親切に

（2）教材名　島耕作　ある朝の出来事（出典：廣済堂あかつき「中学生の道徳　自分を見つめる1」）

（3）ねらい　相手の気持ちや状況を考えた思いやりのある行為について話し合う活動を通して，相手の
　　　　　　立場に立って親切にしようとする判断力を養う。

（4）展開の大要

	学習活動・主な発問と予想される子どもの反応	指導上の留意点
導入	1　教材の漫画を見て，主人公の様子について話し合う。 ○漫画から主人公のどのような様子がわかりますか。 ・耕作は怒っているようだ。	・教材の漫画から登場人物の心情理解を促し，子どもの教材への関心を高める。
展開	2　教材「島耕作　ある朝の出来事」を読んで話し合う。 ◎主人公のとった言動をどう思いますか。 ・主人公の行動は正しいが，自分は同じようにできない。 ・言い争いで車内が嫌な雰囲気になってみんな気まずい。 ・男の人の事情や気持ちも考えるべき。 ○主人公が言い争いをしているとき，おばあさんはどのような気持ちだったでしょうか。 ・自分のことで言い争いになり申し訳ない。 3　主人公のよりよい行動について考える。 ○主人公はどうしたらよかったのでしょうか。 ・おばあさんの荷物を棚にのせてあげる。 ・他の人に席をゆずるようにお願いする。 ○主人公はどのような気持ちや考え方を大切にして行動したらよかったのでしょうか。 ・他の人の気持ちをよく考えて行動すること。	・ホワイトボードや黒板の座標軸にネームプレートをはることで，一人ひとりの考えを明確にした話し合いができるようにする。 ・主人公の行動で，おばあさんや他の人たちが困っていることをおさえる。 ・考えた行動は，様々な人の気持ちを考慮し，自分ができるものなのか問いかけ，自分事として考えさせる。 ・様々な人の立場に立って親切にすることの大切さについておさえて板書する。
終末	4　本時の学習を振り返る。 ○今日の学習で学んだことや，これからの自分について考えたことを書きましょう。 ・これからは相手がうれしいのかよく考えて行動したい。	・様々な人の立場に立って親切にすることについて考えを深めている子どもの意見を全体で共有する。

（5）評価　思いやりの心を伴った親切な行為について，様々な人の立場から考えていたか。（ワークシート・発言等）

授業の実際

❶教材のあらすじ

　朝の通勤ラッシュの車内でおばあさんが腕に重そうなバッグをぶらさげ，立ったまま苦しそうにしています。その前では，サラリーマンが座って新聞を読んでいます。電車のゆれでおばあさんが彼にぶつかって謝っても，男はぶすっとして何も言いません。男の無神経さにがまんできなくなった耕作は，おばあさんのために席をゆずるように男に言います。しかし，男は，「自分も仕事で疲れている」「座るために並んで待っていた」などの理由を言って反論します。それを聞いた耕作は怒り，男に対してますますムキになっていきます。

❷導入

　授業の導入で，大型テレビで教材の漫画を提示すると，子どもたちは，「満員電車みたいだ」「男の人とおばあさんがいる」と，興味をもって見ていました。子どもたちに，「主人公の耕作や周りの人はどんな様子ですか？」と尋ねました。すると，子どもたちは，「耕作はおばあさんが気になっている」「おばあさんはとてもつらそう」と，漫画からわかることを意欲的に発表していました。そこで，「教材文を読むので，漫画と合わせて耕作の行動や気持ちについて考えてみてください」と言って教材文を配布しました。

❸展開

　教材文を読んだ後，「主人公の耕作の行動をどう思いますか？」と子どもたちに問いかけ，自分の考えをワークシートに書かせました。ワークシートに考えを書く際，「主人公の行動をよいと思うか」ということと，「主人公と同じようにしようと思うか」ということの2つの観点から考え，自分の考えを示す座標の位置に丸をつけて理由を書くように説明しました。

　一人ひとりがワークシートに自分の考えを書いた後，4人グループでの話し合いを行いました。グループの話し合いでは，座標軸をかいたホワイトボードを活用しました。ホワイトボードの座標で，自分の考えを示す位置にネームプレートをはらせることで，一人ひとりの立場を明確にした話し合いができました。

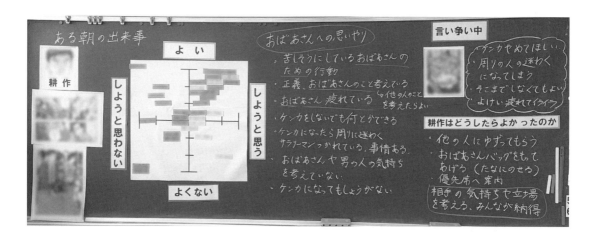

　また，グループの話し合いの中で，友達の意見を聞いて考えが変わったら，ネームプレートを緑色から黄色に変えて位置を動かすように助言し，一人ひとりの考えの変容が視覚的にわかるようにしました。子どもたちは，主人公の行動についての善し悪しだけでなく，自分だったらどうするかというように，自分事として考えて話し合っていました。そして，友達とのやりとりを通して自分の考えを見つめ直す子どもも多くいました。子どもたちからは，「苦しそうにしているおばあさんのための行動だからよいと思う。自分も同じようにしたい」「おばあさんは疲れているから席に座れるようにした方がよいが，自分は耕作のようにできないかもしれない」というように，主人公の行動について肯定的に捉えている意見が出ました。一方で「サラリーマンの男にも事情はあるし，ケンカをしたら周りの人に迷惑だから，耕作の行動はあまりよくないと思う」「耕作は，おばあさんや男の気持ちを考えていないと思う。自分は耕作のようにしようとは思わない」といった，主人公の行動に対して否定的な意見も出ました。

　全体の話し合いでは，黒板の座標にもネームプレートをはり，グループの話し合いの内容や，話し合いを通してそれぞれの考えがどのように変容したかについて共有しました。その後，主人公の行動の善し悪しについては様々な意見があるが，その行動の根底には，主人公のおばあ

さんへの思いやりの気持ちがあることを押さえるために，「主人公は，おばあさんへのどのような気持ちから行動していますか？」と問いかけました。主人公の行動についてよくないと考えている子どもたちも，「耕作は，おばあさんへの優しさや思いやりをもって行動している」ということに改めて気づくことができました。

　話し合いを通して自分の考えが変わり，座標軸にはったマグネットの色や位置を変えるときは，「なぜ考えが変わったのか」「どのように変わったのか」など，考えが変わった理由を詳しく話すように助言し，話し合いを通して深まった考えを共有します。

　そして，「主人公が言い争いをしているとき，おばあさんはどのような気持ちだったでしょうか」と，立場を変えて主人公の行動について考えるための発問をしました。子どもたちは，「周りの人の迷惑になってしまうし，疲れるからケンカはやめてほしいとおばあさんは思っているだろう」と答えていました。相手への思いはあっても，立場を変えて考えたとき，必ずしも相手のためになっているとは限りません。そこで，子どもたちに，「おばあさんや周囲の人のことを考えたとき，主人公はどうしたらよかったのでしょうか？」と問いかけ，主人公が男に話す内容や言い方，おばあさんや周囲の人への声かけなど，主人公のよりよい行動について考えるように助言しました。子どもたちからは，「他の人に席をゆずってもらうようにする」「おばあさんのバッグを持ってあげる」「おばあさんを優先席へ案内する」など，おばあさんの気持ちを考えた思いやりのある行動について，様々な意見が出ました。どの意見も，おばあさんの立場から考えた思いやりある行動であると認め，「主人公は，どのような気持ちや考え方を大切にして行動したらよかったのでしょうか？」と改めて子どもたちに聞きました。すると，子どもたちは，「相手の気持ちや立場を考えることが大切」「みんなが納得できるように考えて行動したらよいと思う」と答えていました。今回の学習を通して，子どもたちは，自分本位ではない，相手や周囲の人の立場に立った思いやりの大切さについて学ぶことができました。

❹終末

　終末では，今日の学習で学んだことや，これからの自分について考えたことをワークシートに書かせた後，数人の子どもの意見を取り上げて全体で共有しました。子どもたちは，「自分が正しいことをしようとしても，相手のことを考えないと，みんなが嫌な思いをするということを知りました」「私は自分のことしか考えていなくて，正しければいいという考え方でした。でも，それではだめということがわかったので，まず落ち着いて相手のことを考えて行動したいです」というように，今までの自分を見つめたり，今後，相手のことを考えて行動していきたいという思いをもったりしていました。

❺授業を終えて

　道徳の学習で学んだことや考えたことの実践の場として，後日縦割り活動の遠足を設定しました。子どもたちは，道徳の学習で様々な人の立場になって考えることの大切さを学び，縦割り活動では下級生の立場に立った思いやりのある行動を意識していました。　　　　　（宮澤長）

島耕作　ある朝の出来事

名前（　　　　　　　　　　　　）

○耕作のとった言動をどう思いますか。座標の自分の考えに近い位置に○をつけ，
　理由を書きましょう。

よい

自分はしようと思わない

自分もしようと思う

よくない

理由

○今日の学習をふり返り，学んだことや考えたこと（今までの自分や，これからの自分
　について　など）を書きましょう。

事例 3

ランキング・付箋を活用した授業

―おくれてきた客（5・6年生）―
（出典：ココロ部！　NHK for School）

諸富祥彦の“ココ”がポイント！

　「ランキング・付箋」の組み合わせは，問題解決的な授業の最強のツールの1つです。その理由は「付箋」というツールの自由度の高さによります。付箋はいくらでも増やせるし，減らせるし，動かせるのです。そのため問題解決の方法を考えるときに，「入れる」「入れない」の二者択一に陥らずに，ありうる解決の可能性をいくらでも考えることができています。「絵だけ持ってきて見せる」という独創的なアイデアが出たのは大きいです。また付箋は自由に動かせるので，自分自身でランキングを考えるときや，話し合いで考えが変わったときに，何度でも自由に動かすことができます。ツールの自由度が高いと，子どもたちの思考も自由に活性化されることの好例です。

❶考えるツール＆議論するツールの活用ポイント

　本時では，主人公である警備員が閉館後に訪れた客を，美術館に入館させるか断るかで思い悩む教材を示しました。警備員がどのような考えをもとに行動を起こせばよいのか，よりよい方法を主体的に考える問題解決的な学習を展開しました。

　子どもが個人で解決方法について考える際には，付箋を用いました。解決方法を1つに絞らなかったことで，一面的な考えだけではなく，多様な考えをもてた子どもが多く見受けられました。また，付箋に書いた複数の解決方法を順位付けするランキングを行いました。そうすることで，自分の思考を整理し，自分の考えで一番大切だと考えている理由について自己で振り返ることができ，グループの議論でも自分の考えや思いを友達に明確に伝えることができました。また，ランキングを付箋を用いて行ったことにより，議論を通して自分の考えが変容した際に操作することが容易になり，解決方法を柔軟に考えたり，グループの議論でも付箋を操作しながら話し合ったりする姿が見られました。

❷白熱した話し合いをつくるその他の工夫

　この授業では，「警備員のコジマくんは，このあとどのようにすればよいのだろう」という中心発問を設定しました。「入れる」「入れない」の二者択一の解決方法ではなく，付箋を用いて自由に解決方法を考えるという活動にしたことで，子どもが教材に出てくる登場人物にとって最善の解決方法は何なのか，多面的・多角的な考えをもつことができ，白熱した話し合いが行われました。

🌑 本時の流れ

（1）主題名　「きまり」とはどういうもの
（2）教材名　おくれてきた客　（出典：ココロ部！　NHK for School）
（3）ねらい　規則とはどのようなもので，なぜ守らなければならないのかを話し合うことで，規則に対しての行動の仕方を考える態度を育てる。
（4）展開の大要

	学習活動・主な発問と予想される子どもの反応	指導上の留意点
導入	1　「規則」についての考えを交流し合う。 ・規則とは守らなければいけないもの。 ・規則のおかげで，多くのことが守られている。 ・生活の中には，多くのルールがある。	・授業前段での規則に対しての考えを確認する。
展開	2　「おくれてきた客」を視聴し，何が問題になっているのか明らかにして話し合う。 ○このお話では，何が問題になっていますか。 ・警備員が，閉館後に訪れた親子を入館させるか入館させないかが問題。 ・規則を守るのか，親子のために頼みを聞いてあげるのかが問題。 ◎警備員のコジマくんは，このあとどうすればよいのだろう。 ・理由はわかるけど，親子だけ特別扱いしてはいけないと思う。 ・規則があるのだから，入れることはできない。 ・時には，規則よりも大切なことがあると思う。 ・責任者に許可をもらえばよい。 3　グループ・学級全体で考えたことを交流し合う。 ・規則とはなんのためにあるのだろう。 ・みんなにとって，一番の方法があるのではないかな。	・付箋を準備し，多様な解決方法を考えるように声かけする。 ・複数の付箋に書いた解決方法をランキングづけすることで，自分の考えを整理し意思決定させる。 ・議論を通して新たな解決方法を考えた場合は，付箋に書かせる。
終末	4　今日の話し合いで考えたことや思ったことについて交流し合う。 ・規則とはどのようなものなのか，改めて考えることができた。 ・人によって，規則についての考えが違って，問題に対して多くの解決方法があるということがわかった。	・授業全体を通して，自分で考えたことや，思ったことについて交流させる。

（5）評価　解決方法を考え，友達と議論を行うことで，規則について多面的・多角的な視点で話し合うことができたか。（ワークシート・発言）

🎨 授業の実際

❶教材のあらすじ

　主人公は美術館の警備員です。警備している美術館では，フランスから来た貴重な絵を展示していました。今日はその絵画展の最終日。何事もなく最終日の閉館時間を迎えました。閉館後の1時間後，カップルが来館しました。カップルは入れてくれないかと頼んできましたが，警備員は断りました。その後，親子がやってきました。親子に閉館したことを伝えると，展示されている絵を見るのが長年の夢であり，亡くなった夫との思い出の絵であるということを話してきました。警備員は「やはりきまりですので」と言いました。すると娘は母が入院中で一時帰宅して美術館に来たということを話しました。また，母親の命が長くないことを警備員は知りました。そして，警備員は何も言えなくなってしまいました。

❷導入

　授業の導入では，「規則」をどのようなものとして捉えているのか，子どもの考えを交流させました。子どもは様々な「規則」とともに生活しています。多くの子どもは「規則」とは守らなければいけないものという考えをもっていて，「規則」はなんのためにあるのかなど考えたことはない子どもがほとんどでした。そのため，授業を通して「規則」について議論して考えることで，自分の考えにどのような変容があったのか感じさせるために，授業前段で「規則」に対しての捉え方を学級全体で交流しました。

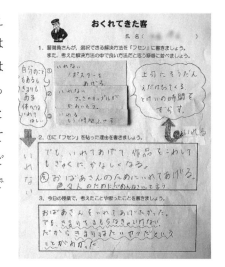

❸展開

　映像教材を見た後，個人で付箋に問題に対しての解決方法を，思いつくだけ書かせました。1つに絞らなかったことで，親子を美術館に入れる方法，規則を守るために断る方法，入れる入れない以外の方法等，多面的・多角的な思考で解決方法を考える子どもが多く見られました。

　付箋に多様な解決方法を書いた後に，付箋を移動させてランキング付けを行いました。多様な解決方法を考えた上で，ランキング付けを行うことから，自分自身が一番大切に考えている理由を捉え，深く考えて自己決定を行うことができました。

　また，この授業形態では，いつも展開している授業と比べて，グループ活動の時間を多くとりました。理由はグループで議論を行う際に，子どもの手元に付箋が貼られたワークシートが

あることで，議論を行っていく上で，自分の考えを伝える際に付箋を移動させたり，考えが変容した際には付箋を移動させてランキングを変えたりする等，少人数の方が議論が白熱したためです。グループでの議論を行った後に，学級全体での議論では，親子を思う思いやりの気持ちと規則を守らなければいけないと思う気持ちはどちらが大切なのだろうという意見が出されました。また，二者択一で解決方法を考えずに，付箋に解決方法を自由に書くという形式にしたために，「入れる」「入れない」の議論だけでなく，警備員にとっても親子にとってもよい方法はないだろうかという話し合いが行われました。

ツール活用のポイント

　本時では，考えた解決方法を付箋に書かせ，その解決方法をランキング付けするというツールを活用しました。付箋に解決方法を書かせるツール活用では，子どもは多くの解決方法を自由に考えることで，一面的な思考ではなく，多面的・多角的に思考し多様な解決方法を考えることができたと思います。ランキングのツール活用では，自分が考えた多様な解決方法から一番を選択することから，子どもが一番大切に考えている理由を子ども自身が把握でき，友達にも子どもが一番大切に思っている内容を明確に伝えることができ，議論が白熱したものになると考えます。また，付箋を用いたことで，新たに書き加えたり，付箋を移動させてランキングを容易に変えたりできたため，子どもが柔軟に思考を変容させていく姿も見られました。

---

❹授業を終えて

　今回は多様な考えをもたせたいというねらいのためこの思考ツールを取り入れたのですが，付箋とランキングを用いたことで，子どもの考えや活動する姿が変化することを実感できました。また，教師のねらいにあった，思考ツールを選択することの重要性を改めて感じました。

（野木雅生）

事例 4

ベン図を活用した授業

―およげないりすさん（2年生）―
（出典：日本文教出版　他）

諸富祥彦の"ココ"がポイント！

　ベン図は，同じところ（共通点）と違うところ（相違点）を明確にしながら考え，話し合うのにもってこいのツールです。この授業のよさの1つは，子どもが一人でベン図に書き込みながら考える時間を十分に保障している点です。また，ベン図を生かした板書の工夫も十分になされています。そのため，板書された子どもたちの意識は，「仲良くしないと，結局，つまらなくなるし，さみしくなる」という共通の思いに焦点が当てられ，それが授業のねらいにせまることに役立っています。せっかくベン図という視覚に訴える図を用いて考えているのだから，「何に注目していますか」と問うのではなく，「図の中のどこに注目していますか」と聞くことが大切という指摘は重要です。

❶考えるツール＆議論するツールの活用ポイント

　ポイントの1つ目は，子どもが一人でベン図に書き込みながら，共通点と相違点を考える時間を十分に保障することです。ベン図をかいた後にそれをもとにした話し合いをするためには，一人ひとりが自分なりにベン図をかいていることが大切です。2つ目は，ベン図を生かした板書の工夫をすることです。ベン図をかく位置や，その周りの文言とどうつなぐかを考えます。そして3つ目は，ベン図をかいた後に，それをもとに考えねらいにせまる発問をすることです。どのようなベン図をかくのがよいかと事前に想定するとともに，ベン図をどのように生かすかという構想が重要になります。

❷白熱した話し合いをつくるその他の工夫

　ねらいにせまるために，「友達」というテーマを提示して授業を開始し，B-(10)「友情，信頼」を中心内容項目として考えることができるようにしました。本教材は教科書によってはC-(13)「公正，公平，社会正義」を中心内容項目としている場合もあり，導入時にねらいへの方向付けを行っておくことが有効だと考えたためです。

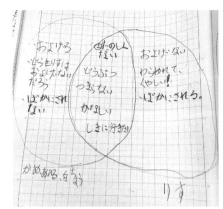

🔵 本時の流れ

（1）主題名　友達となかよくするには
（2）教材名　およげないりすさん（出典：日本文教出版）
（3）ねらい　一緒にいるからこそ楽しいという友達のよさを感じ，ちがいを理由に仲間外れにせず，友達と仲良くしようとする心情を育む。
（4）展開の大要

	学習活動・主な発問と予想される子どもの反応	指導上の留意点
導入	1　学習テーマ「友達」について考えていることを聞き合い，本時の学習課題を設定する。 ・2年生になって，仲良くする友達が増えた。 ・けんかすることもあるけど，楽しくできている。 「およげないりすさん」を読んで，友達についての考えをひろげたりふかめたりしよう。	・全員が学習テーマについての考えを表現するために，全体交流の前にペア交流を取り入れる。 ・思っていることやできることがちがう友達とは仲良くできているか問いかけ，学習課題を設定する。
展開	2　教材「およげない　りすさん」を読み，話し合う。 〇気になったところはどこですか。 ・「りすさんは，およげないから　だめ」のところ。 ・はじめ仲間外れにしたのに，後で誘ったところ。 〇3びきが「りすさんは，およげないから　だめ」と言ったのはどうしてか，「同じ」と「ちがう」を探して考えましょう。（ベン図をかいて考える） ・泳げる，泳げないがちがう。 ・一緒に遊びたい，友達というのが同じ。 ◎どうして3びきはりすさんを誘えるようになったのでしょう。ベン図を見て考えましょう。 ・「ちがう」を見ていたから誘えなかったんだ。 ・「同じ」を見つけたから誘えたのかな。 ・遊びたいという「おなじ」気持ちに注目したから。 ・一緒にいると楽しいということを考えた。	・気になったところを問うことで，自分たちでこの教材の道徳的問題に気づくようにする。 ・中心発問で考える材料にするために，黒板に子どもの発表をベン図にかいて整理する。 ・ベン図を活用して考えることで，友達との同じところや友達の気持ちを想像する大切さが学べるようにする。
終末	3　今日学んだことの振り返りをする。 【振り返りの項目】 ①今日のテーマについて，学んだこと ②今の自分を見つめてみると…… ③その他に書きたい振り返り	・振り返りの項目を設けて，子どもが見通しをもって本時の学びについて書けるようにする。

（5）評価　友達の思いや考えを大切にしていこうとする心が高まっているか。（発言・ノート）

🖋 授業の実際

❶教材のあらすじ

　池のほとりであひる・かめ・白鳥が池の中の島へ行って遊ぶ相談をしていると，りすが遊びに来ました。りすもみんなと行きたがりましたが，みんなはりすが泳げないことを理由に断り，島へ泳いでいってしまいました。みんなは島へ着きますが，なんだか少しも楽しくありませんでした。どうするか話し合ったみんなは次の日，りすに謝り，かめの背中へりすを乗せ，島へ向かいました。

❷導入

　「友達」について，話したり，書いたりする時間をとった後，学習課題「『およげないりすさん』を読んで，友達についての考えをひろげたりふかめたりしよう」を板書しました。

❸展開

　教材を読み，気になったところを出し合った後，注目している子どもが多かった「りすさんは，およげないから　だめ」のところをみんなで考えていくように方向付けをしました。
　「3びきが『りすさんは，およげないから　だめ』と言ったのはどうしてか，『同じ』と『ちがう』を探して考えましょう」と発問し，「考える道具」としてベン図を紹介しました。
　ベン図をかいた後の話し合う時間には，ちがいとして，「泳げる・泳げない」「ばかにされない・ばかにされる」「相談していた・途中から来た」「遊べる・遊べない」「いつもいやな気持ちにならない・いつもいやな気持ち」が出されました。共通点として，「楽しくない（島に行った後）」「動物」「島に行きたい」「友達」「仲良し」が出されました。泳げないということ以外にも多様なちがいが出され，友達であり，本当は遊びたいという気持ちは一緒であることに気づくことができました。
　次に，ベン図を活用して考える活動です。中心発問「どうして3びきはりすさんを誘えるようになったのでしょう。図を見て考えましょう」では，様々な考えが発表されました。断った理由としては，「泳げないから」「りすさんは小さいから」が出されました。誘った理由については，「誘わないと，また，りすさんもみんなもつまんなくなっちゃうから」「友達だから，友達がいないとつまらないから」が出されました。
　授業をしながら，これだけではねらいを達成できたとは言えないな…と難しさを感じました。そこで，誘うとき（板書では赤で表記）と誘わないとき（板書では青で表記）はそれぞれ何に注目しているかを考えるように補助発問をしました。「青は，できないところ。赤は，どっちも感じているみたいな気持ち」「赤は，同じところ。共通点を見ている」「青は，連れて行かな

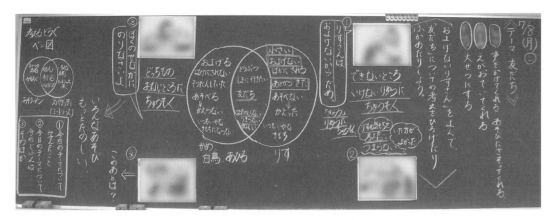

い理由，できないところや行けない理由に注目している」と子どもたちは考えました。

最後に，「赤いところに注目していったら，この後どうなったと思う？」と問うと，「いろんな遊びをして，もっと楽しいことをしたんじゃないかな」という発言がありました。

ツール活用のポイント

ベン図をかいた後，どのように図を活用してねらいにせまっていくかというところがポイントです。今回は，補助発問として「誘えるときと誘えないときはそれぞれ何に注目していますか」と問いました。事前に発問や事後の活動を考え，子どもの反応を多様に予測しておくことが，思考ツールを活用しながらねらいにせまるポイントだと私自身学びました。

---

❹終末

黒板を見ながら，道徳ノートに振り返りを書く時間をとりました。

子どもの振り返り例

友だちはひつようだってことを学びました。ぼくはすごく友だちを大切にしていると思います。（Jさん）

---

❺授業を終えて

今回は，ベン図をかく部分では子どもたちも抵抗なく取り組めましたが，ベン図を活用してねらいにせまる部分で難しさを感じました。「何に注目していますか」ではなく，「図の中のどこに注目していますか」と問えば，子どもが考えやすく，さらにねらいにせまることができたのではないかと思います。子どもが考えやすい発問の言葉を選んだり，子どもの思考の流れを予測したりと，これまでの道徳授業で大切にしてきたことが，思考ツールを活用した授業においてもやはり重要なのだと実感しました。

（本村徹也）

事例 5

スケールを活用した授業

―泣いた赤おに（4年生）―
（出典：光村図書）

諸富祥彦の“ココ”がポイント！

　「スケーリング」は，「気持ちの大きさ」を数値化し，「見える化」することに適したツールです。この授業では，古典「泣いた赤おに」を用いて，赤おにの中の「人間たちと仲良くしたい気持ち」と「青おにを思う気持ち」について「青おにの提案を聞いたとき」「人間の友達ができたとき」「青おにの家の貼り紙を読んだとき」の3つの場面でスケールを作成し，赤おにの気持ちの変化がつかめるようにしてあります。この授業の最大の成果は，展開の後段で，「やりたくないことは引き受けないことが，相手のためにもなる」ことに気づき，それが本当の友情につながるという認識を育てていることです。赤おにの「もやもやした迷い」を視覚化することが問題解決につながっているのです。

❶考えるツール＆議論するツールの活用ポイント

　スケールを活用することで，「どんな気持ち」が「どのぐらい」かを数値化することができ，視覚的にもわかりやすく表すことができます。また，スケールをいくつか並べてみることで，数値的な変化もつかみやすくなります。

　言葉では微妙な変化をうまく表現できない場合にも，数値化することで表現することができるというよさがあります。

❷白熱した話し合いをつくるその他の工夫

　この教材では，赤おにの中の「人間たちと仲良くしたい気持ち」が描かれていますが，赤おにには友達の「青おにを思う気持ち」もあります。この2つの気持ちに特化して注目させて，スケールで表しました。そして，「青おにの提案を聞いたとき」「人間の友達ができたとき」「青おにの家の貼り紙を読んだとき」の3つの場面でスケールを作成し，赤おにの気持ちの変化がつかめるようにしました。スケールの数値に正解はありませんが，なぜそう考えたのかという理由は重要です。そこで，理由の書き方は，場面ごとでも，3つの場面全体を比較しながらでもよいことにして，個々の理由をしっかり話し合わせることにしました。

● 本時の流れ

（1）主題名　友を思いやって
（2）教材名　泣いた赤おに（出典：光村図書）
（3）ねらい　赤おにの心情の変化を通して，友情や信頼について考えさせ，互いに大切にし合おうとする判断力や心情を育てる。
（4）展開の大要

	学習活動・主な発問と予想される子どもの反応	指導上の留意点
導入	1　友達を大切することについて考える。 ○友達を大切にするとはどういうことでしょうか。 ・友達が喜ぶことをしてあげること。 ・いつも仲良くすること。	・友達を大切にすることを考えることで，内容項目への導入になるようにする。
展開	2　教材「泣いた赤おに」を読んで話し合う。 ○赤おにの中に，「人間と仲良くしたい気持ち」と「青おにのことを思う気持ち」がありました。3つの場面のときの赤おにの気持ちの変化をスケールに表してみましょう。そう塗った理由も書きましょう。 【青おにの提案を聞いたとき】 ・赤と青が，半々くらいです。理由は，人間とも仲良くしたいけど，青おにくんを悪者にしていいのかなとも思うからです。 【人間の友達ができたとき】 ・ほとんどを赤で塗りました。人間の友達ができてうれしくて，青おにくんのことを忘れている感じがするからです。 【青おにの家の貼り紙を読んだとき】 ・全部を青で塗りました。青おにくんのことを忘れてしまって，人間と仲良くしていたことで，青おにくんに申し訳ないことをしたという気持ちになったからです。 3　友達とよい関係をつくるために大切なことについて考える。 ◎友達とよりよい関係をつくっていくために大切なことはどんなことか考えましょう。 ・相手の気持ちをよく考えること。 ・やってはいけないと思ったら，断ることも大切。 ・相手とよく相談していくことが大切。	・教材が少し長いため，理解しやすいように声色や抑揚等を工夫して範読する。 ・場面ごとの赤おにの気持ちを考えながら聞くことを，事前に指示しておく。 ・スケールは，自分の考えで塗ってよいことを確認し，そう塗った理由を必ず書くようにさせる。「人間と仲良くしたい気持ち」は赤で，「青おにのことを思う気持ち」は青で塗り，心情の変化が一目でわかるようにさせる。 ・班ごとに互いのスケールと理由を話し合った後，全体でも意見交流ができる時間を確保する。 ・赤おにの心情の変化を通して考えたことを生かし，どちらかが我慢したり，犠牲になったりしない関係になる方法を考えさせる。
終末	4　学習を振り返って，本時の感想を書く。	○考えたことを今後意識していくように励まし，授業を終える。

（5）評価　友達とよい関係をつくる上で大切なことを考え，今後，考えたことを生かして互いに大切にし合おうとする意欲が高まったか。（発言・ワークシート）

🍃 授業の実際

❶教材のあらすじ

　人間と仲良くなりたい気持ちをもつ赤おにですが，人間には鬼は怖いものという気持ちがあり，なかなか近寄ってもらえません。そのことを知った赤おにの友人の青おにが，ある計画を提案します。それは，人間の村で暴れる青おにを赤おにが懲らしめたら，赤おにへの信頼は増すというものです。赤おには最初乗り気ではありませんでしたが，青おにに促され実行しました。計画は成功し，赤おにには人間の友達ができ，人間と楽しい時間を過ごすことができました。その頃青おには，赤おにが人間に疑われないようにと，遠くへ去って行ってしまいます。「いつまでもきみの友達　青おに」という言葉で締めくくられた貼り紙を読んだ赤おには，涙を流しました。

❷導入

　「友達を大切にするとは，どういうことでしょうか」ということを短時間で尋ねました。「友達が喜ぶことをしてあげることだと思います」「いつも一緒にいることです」「いつも仲良くすることが，大切にすることになると思います」というような意見が出ました。

❸展開

　「泣いた赤おに」の話を知っている人を確認すると，クラスの半分以上いました。少し長い教材ですが，赤おにの気持ちの変化を考えながら聞くように指示して，範読しました。

　範読後，赤おにの中に「人間たちと仲良くしたい気持ち」と「青おにのことを思う気持ち」があったことを確認して，2つの気持ちの変化をスケールに表すことを説明し，作成させました。

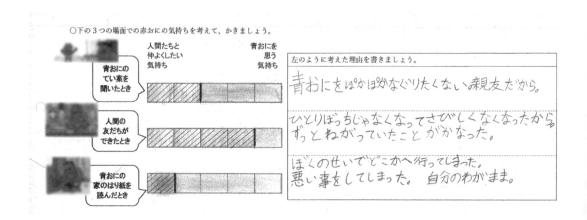

60

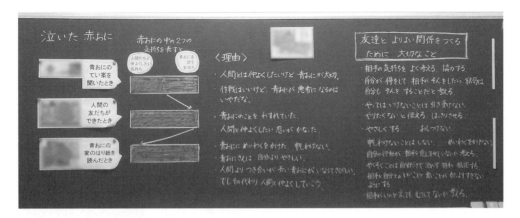

　視覚的に心情の変化がわかりやすいよう,「人間たちと仲良くしたい気持ち」は赤で,「青おにのことを思う気持ち」は青でと色分けして塗りました。

　スケールの塗り方に正解はないことを伝え,なぜそう表したかの理由をはっきり書くようにしました。その理由が,個々のスケールの微妙な塗り方の違いを明確にし,話し合いを通して,自分が気づかなかった赤おにの気持ちに気づけるヒントにしました。

　個々に多少の差はありますが,全体として【人間の友達ができたとき】は「人間と仲良くしたい気持ち」(赤)が大半を占め,【青おにの家の貼り紙を読んだとき】は「青おにのことを思う気持ち」(青)が大半を占める傾向であることを押さえました。このことから,最初は,青おにの提案に従ってもいいのかという迷いがあったのに,人間の友達ができたことで,青おにを思う気持ちが大幅に減ってしまったことに気づくことができました。

　展開後段で,「友達とよりよい関係をつくっていくために大切なことを考えましょう」と導入と同じようなことを問いました。今回はじっくり時間をかけて考えさせました。「自分の行動が相手を悲しませていないかを考えることが大切だと思います」「約束ごとは自分だけで決めず,相手と相談することが大切だと思います」「相手と自分のいいことと悪いことが偏りすぎないようにしたいです」というような意見から,赤おにの心情との関係を感じました。

❹授業を終えて

　本学級の子どもは,自分の考えをあまり主張しないで相手に合わせるタイプが多いのですが,この授業を通して,「やりたくないことは引き受けないことが,相手のためにもなる」ことに気づき,言いづらいことも勇気を出して伝えることが大切という気持ちが表れ始めました。これは,スケールを塗りながら,赤おにの中にあるもやもやした迷いが視覚化され,明確になったことに関係していて,赤おにの後悔の涙から学べたのだと考えています。　　　　(坂本千代)

事例 6

Xチャートを活用した授業

―なくしたかぎ（5年生）―

（出典：日本文教出版）

諸富祥彦の "ココ" がポイント！

　「Xチャート」は4つの視点を設定することができ，物事を多様な視点に立って，多面的・多角的に見ていくことに適したツールです。そもそも道徳的思考とは，その問題にかかわるすべての人にとってよいことをなしうる判断ができるようになることです。価値はその判断の中で機能するのです。特定の価値にこだわりすぎることで，他の視点を顧みなくなることは独善的であり，不道徳です。「Xチャート」を用いて授業をすることで，子どもは自然と主人公，友達，主人公の両親，友達の両親という4つの視点から問題を捉えることができるようになることが見事に示されています。「視点の切り替え」のために授業者が使っている発問が抜群にうまいですね！

❶考えるツール＆議論するツールの活用ポイント

　Xチャートは4つの視点を設定することができ，対象を多面的・多角的に見たり，焦点化したりするのに適したツールです。今回は，主人公の視点のみから教材を捉えるのではなく，主人公，友達，主人公の両親，友達の両親という4つの視点から教材を捉え，考えを深めていくためにXチャートを活用しました。Xチャートを活用することで，

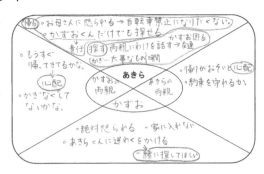

各登場人物の状況や心情を可視化，明確化することができます。そして最後には，4つの視点を見比べて，総合的に教材を捉え判断することができるので，よりよい考えに結びつけられる効果があります。

❷白熱した話し合いをつくるその他の工夫

　まず，導入で教材や主題に対する問題意識をしっかりともたせます。次に展開の序盤で，その問題に対して自分はどう思うのか（「最初の考え」）を理由とともに考えます。そうすることで，その考えをもとにしてその後の話し合いに臨むことができ，積極的に意見や考えを交流させることができます。また，教材を自分事として捉えられるようにするために，子どもの生活場面などを想起できるように支援していくことが大事です。これにより，子どもは自分の経験と照らし合わせながら登場人物の状況や心情をより深く捉え，白熱した話し合いにつながります。

🏮 本時の流れ

（1）主題名　あなたならどうする？
（2）教材名　なくしたかぎ（出典：日本文教出版）
（3）ねらい　それぞれの登場人物の状況や心情を考えることを通し，友達や家族の思いに気がつき，どちらも大事にするにはどうすべきかを判断する力を養う。
（4）展開の大要

	学習活動・主な発問と予想される子どもの反応	指導上の留意点
導入	1　価値に対する方向づけ ○みなさんは，どちらを選べばいいのか悩んでしまった経験はありますか。ある場合は，どのように判断をしていますか。 ・どちらが大事かを考える。 ・しなければならないことを優先して考える。	・2つの事柄で悩んだ経験を想起させることで，登場人物の葛藤状況を身近に感じられるようにする。
展開	2　教材の提示 ○あきらくんは何を迷っていましたか。 ・約束を守って1人で帰るか，友達を助けて一緒に鍵を探すか。 ・友達と一緒に探してあげたいけれど，約束を破ると自転車が1ヶ月禁止になってしまう。 3　教材についての話し合い ○あきらくんはどうすればよいのでしょうか。 ・約束を守らないと自転車に乗れなくなるから帰る。 ・かずおくんは友達だから一緒に探す。 ○それぞれの思いや様子を考えましょう。 【かずお】 ・1人で探すのは不安。　・一緒に探してほしい。 【かずおの親】 ・遅くになっても帰って来なくて心配。 ・鍵がなくて困る。 【あきらの親】 ・約束したのに帰って来ずに心配。 ・約束を守ってほしい。 ◎みんなのこと考えると，あきらくんはどうするのがよいのでしょうか。 ・親に事情を話してから，かずおくんと一緒に探す。 ・一度家に帰って一緒に来てもらい，みんなで探す。 4　価値の主体的な自覚 ○どのような心を大切にして考えましたか。 ・友達も家族のことも大事に，関わる人たちがみんなよい結果になるようにするためにはどうすればいいか考えた。	・現時点での自分の考え，理由を明らかにさせる。 （最初の考え） ・各人物の思いや状況を考えて，Xチャートに書かせる。 ・様々な人が関わっており，それぞれの思いがあることを押さえる。 ・「帰る・探す」のどちらか一方の選択では，両者どちらにもマイナス面が残ることに気づかせ，ねらいにせまれるようにする。 ・自分の考えや友達の考え，各人物のことを踏まえて再び問題について考えさせる。（最後の考え） ・何を大切に考えてその決定をしたかを問い返し，価値理解を深められるようにする。
終末	5　振り返り ○友達や家族について学んだ心は何ですか。 ・友達のことを考えてあげることが大事だし，家族が心配をするのは自分のことを大事に思ってくれているからだということに気がついた。	・振り返りの時間をしっかりと確保し，自己の心と向き合えるようにする。 ・発表させ，考えを共有できるようにする。

（5）評価　登場人物の状況や心情を総合的に考えることを通し，友達や家族を大事に思う判断をすることができたか。（ワークシート・発言）

🐾 授業の実際

❶教材のあらすじ

　主人公のあきらは自転車に乗ることが大好きです。しかし1週間前，自転車で遊んでいて暗くなってから家に帰ったことがあり，両親から厳しく叱られました。その際，6時までには家に帰ること，行き先を告げてから遊びに行くこと等の約束をし，約束が守れなかったときには，自転車は1ヶ月禁止ということになりました。ある日友達のかずおと公園で遊んでいると，かずおが自分の家の鍵を落とし，なくしてしまいます。しかし時刻は両親と約束をした6時がせまっています。あきらは約束を守って1人で帰るか，一緒に鍵を探すか，迷ってしまいました。

❷導入

　まず，「みなさんは，宿題をしないといけない，でも友達とも遊びたい」というように，どちらを選べばいいのか悩んだり，迷ったりしてしまったことはありますか」と発問し，子どもが自分の経験を想起することで，教材を自分事として捉えられるようにします。そして，「そのようなときは，どのように考えて判断をしていますか」と発問します。このように，本時の主題にかかわる問題意識をもたせる導入をすることで，本時に考えていくことが明確になり，課題解決への子どもの意識を高めていくことができます。

❸展開

　「今日のお話の主人公のあきらさんも同じように2つのことで迷ってしまいます。あきらさんが何に迷っているのか考えながら聞きましょう」と聞く視点を示します。それにより子どもは教材場面における問題を意識しながら教師の範読を聞くことができます。教師は範読をしながら，状況を確認していきます。しっかりと子どもが状況を把握できるようにすることは，教材を深く考えていく上で大事なことです。範読後，「あきらさんは何を迷っていましたか」と聞くと，「時間までに家に帰るか，友達の鍵を一緒に探すか」と子どもは問題を意識することができました。そこで，「あきらさんはどうすればよいと思いますか」と発問し，現時点での自分の考え（最初の考え）をワークシートに記入します。自分の考えや意見をきちんともっていることが，話し合いを充実させるためには大切です。考えを書けた子どもから，黒板に自分のネームプレートを貼ります。これで，全員の考えを全体で共有することができます。その後，それぞれの立場から理由を説明してもらいます。「帰る」意見の理由として，「約束だから帰って，次の日に一緒に探せなくてごめんね，と言う」「約束だから守って帰った方がいいと思

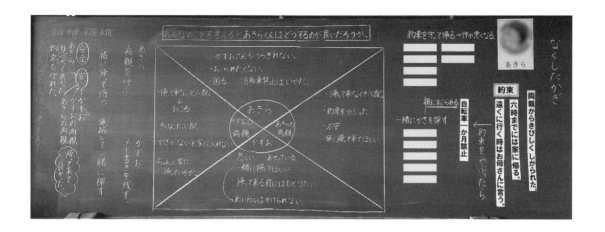

う。だって怒られるから」と出たので，「そうだよね。あきらさんは自転車がとても大事なん
だよね。例えばみんなの大好きなゲームやサッカーなどが1ヶ月できなくなったらどう？」と
言います。これは，子ども自身の大事なものと主人公の大事なものを重ね合わせることで，主
人公の葛藤状況に自我関与させるためです。子どもは「それは困る！」と自分と関連させて考
え，自分の考えを見つめ直す様子が見られました。「一緒に探す」理由は，「一緒に探して，親
には後で説明をする」「暗くなってからも1人で探さないといけなくなってしまうのはかわい
そうだから，後で説明すればいい」という理由が出ました。そこで，「帰った場合はこの後ど
うなると思いますか」と問い，選択後どのようになるのかを考えさせました。これは，様々な
角度から事象を捉えることで，見方の幅を広げ，より多面的・多角的に考えられるようにする
ためです。帰った場合は，「お母さんには怒られないけど，かずおさんとの仲が悪くなる」。一
緒に探した場合は，「自転車が禁止になる」等の理由の他に，「遅くまで家に帰って来ないと，
あきらさんとかずおさんの親が心配してしまう」という意見が出ました。そこで，「今回は，
かずおさんとあきらさんだけの問題ではないということ？」と問い返します。子どもが当人た
ちだけの問題なのではなく，それぞれの親のことも考えに入れていかなければならないことに
気がつきました。ここで，Xチャート上にそれぞれの登場人物を板書し，それぞれの状況や気
持ちを深めていきます。「あきらさんはどうして迷ってしまったのだろう」と発問すると，「親
にも怒られたくないし，かずおさんも裏切りたくない」「怒られるのも嫌，お友達と仲が悪く
なってしまうのも嫌」という意見が出ました。そこで，「どちらを選んでもマイナスのことが
あるから，迷ってしまったのだね」と主人公の気持ちを確認しました。他にも出てきた考えを
Xチャートに書き込みます。次に，「かずおさんはどうかな？」と他の立場からの見方も考え
させます。すると「一緒にいてほしい」「探してほしいけれど，迷惑はかけられない」「帰らな
いとかずおさんの親が心配してしまう」という考えが出ました。「心配」という言葉が出てき
たので，「かずおさんの親は心配するのね？」と問い返しをしていきます。すると「心配だか
ら，遅くなったときに怒る」「遅くなったら危険だから心配」「あきらさんの親も心配する」と，

「親が約束を示したのは心配の気持ちがあるからだ」ということに気がついていきました。

このようにXチャートを活用したことで，他者の存在が明確になり，色々な人の立場や気持ちを意識した理由や考えをもつことができました。

ツール活用のポイント

「友達が鍵をなくした」という1つの事象に対して，主人公，友達，主人公の親，友達の親が，その立場から事象をどう捉え何を思っているのかを考えていきます。Xチャートを活用することで，同じ事象の中にも，そこには様々な思いがあることが可視化され，主人公の立場からだけでは見えなかった状況や思い，課題解決が見えてきます。

ここで中心発問をします。「どちらを選んでも困ったことになってしまうし，みんなの思いもわかったよね。では，あきらさんは一体どうしたらいいのだろう」。ここから少人数グループでの話し合いに入ります。グループからは次のような考えが出ました。「あきらさんが一度家に戻って，かずおさんのことをお母さんに言う。お母さんとまた公園に戻って，3人で探す。もし時間が遅くなりそうだったら，かずおさんのお母さんに連絡を入れて心配しないようにする」。そこで価値にせまる発問を投げかけます。「どの考えも，探すか帰るかのどちらかではないね。どちらかにしなかったのは，どうしてですか」すると子どもからは，「友達との友情を大切にしたいし，親に心配させたくないし，約束もきちんと守らないといけないから」等の意見が出ました。

❹終末

友達や自分の考えなど，今までのことを踏まえてワークシートに最後の考えを書きます。授業の最初と最後に考えを書くことで両者の考えを比較することができ，考えの変容や深まりを見取ることができます。これは，教師が子どもの変容を理解できるだけでなく，子ども自身が自分の変容に気づき，自己の成長を実感できることにもつながります。今回は，「自分のことだけでなく，友達やみんなのことを考えるのが大事だと思いました」「友達や家族は大切なので，いろいろなことを考えて判断した方がいいと思いました」等の振り返りがみられました。

❺授業を終えて

Xチャートを活用することで，主人公からの一方的な見方から多面的・多角的な見方へと思考が広がり，「2つの価値について深く考える」という授業のねらいにせまることができました。

（原博恵）

なくしたかぎ　　　年　　組　　番　氏名

最初の考え

理由

あきら

最後の考え

理由

事例 7

Yチャートを活用した授業

―雨のバス停留所で（4年生）―
（出典：光村図書）

諸富祥彦の "ココ" がポイント！

　「Yチャート」は3つの視点を設定することができ，物事を多様な視点に立って，多面的・多角的に見ていくことに適したツールです。この教材の主人公に欠けていたものは何でしょうか。「きまりを守ろうとする気持ち」ではありません。おそらく主人公にはきまりを破ったという意識はなかったでしょう。現実にも「並んでいるか，どうか」そもそも不明な場面がよくあります。筆者も先日並んでいることに気づかずラーメン屋に入ろうとして注意されました。坂本先生も言うように，状況に応じて変わる「明文化されていないきまり」だから難しいのです。主人公に欠けていたのは「他の人の視点に立つ力」です。Yチャートは，それを自然と育てていくことができるツールです。

❶考えるツール & 議論するツールの活用ポイント

　三者について，同時に考えさせたいため，3か所の記入スペースがある「Yチャート」を活用しました。「Yチャート」は，三者の関係性が視覚的にわかりやすい上に記入がしやすいというよさがあります。同時に三者の気持ちを考えているうちに混乱してくるということも起こりにくくなります。

　三者の記入スペースは，教科書の挿絵に合うようにすると，なおわかりやすくなります。

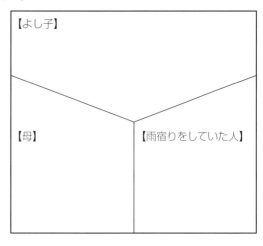

❷白熱した話し合いをつくるその他の工夫

　この教材では，「よし子」「よし子の母」「雨宿りをしていた人」の三者が登場します。「よし子」と「よし子の母」だけでなく「雨宿りをしていた人」の立場で考えることを加えることで，約束やきまりは，みんなが安全かつ安心して気持ちよく生活するためにあることが理解しやすくなると考えました。三者の立場で考えたことを話し合うときに，それぞれになりきった言葉で，思いを込めて発表するように促しました。そうすることで，よし子の行動が，並んで待っていた人を不愉快にさせ，母も怒らせてしまい，みんなが利用するバスという公共の乗り物を利用するときのきまりとして許されないことだったと気づけるようにしました。

本時の流れ

（1）主題名　きまりは何のために
（2）教材名　雨のバス停留所で（出典：光村図書）
（3）ねらい　登場人物の心情を考えることを通して，約束や社会のきまりの意義を理解し，それらを守ろうとする実践意欲と態度を育てる。
（4）展開の大要

	学習活動・主な発問と予想される子どもの反応	指導上の留意点
導入	1　雨の日の外出についての経験を話し合う。 ○雨の日に外に出かけたことで，何か覚えていることはありますか。 ・服も荷物もすごくぬれて困ったことがある。 ・道路が混んでいて，着くのが遅くなった。	・雨の日の経験を想起させることで，濡れて困る経験や道路が混んでイライラするなど，教材の内容の理解をしやすくする。
展開	2　教材「雨のバス停留所で」を読んで話し合う。 ○お母さんに連れ戻されたとき，よし子はどう思ったでしょう。 ・なんで。どうして戻されるの。 ・早く行かないと座れないよ。 ・他の人は，雨宿りしていて，並んでなかったよ。 ○お母さんや他の人たちは，どう思ったでしょう。 【母】 ・なんて恥ずかしいことをしているの。 ・私たちは，後から来たのよ。 【他の人】 ・雨宿りしていても，並んでいるのと同じだよ。 ・抜いてはいけないよ。順番を守ってくれ。 3　約束やきまりを守るために大切なことを考える。 ◎約束やきまりを守るために大切なことは何だと思いますか。 ・自分はいいと思っても，周りの人はどう思っているかを考える。 ・その場の状況できまりが変わることがあることも考えておく。	・雨の日の出来事のお話であることと，聞きながら登場人物の気持ちを考えることを予告して，教師が範読する。 ・Yチャートを印刷したワークシートを配布するが，先によし子の気持ちを考え，次に母や他の人について考えることで，認識のずれがあることを明確にし，それが母の怒りにつながっていることを押さえる。 ・Yチャートに記入したことを生かし，立場が違う人たちそれぞれが嫌な気持ちにならないためにきまりがあることを押さえる。
終末	4　教師の話を聞き，本時の感想を書く。	・きまりがあることで，社会生活がしやすくなることを話し，授業を終える。

（5）評価　約束やきまりの意義を理解し，今後，約束やきまりを守っていこうとする意欲が高まったか。
　　　（発言・ワークシート）

授業の実際

❶教材のあらすじ

　大粒の雨が降り，風も吹いている中，よし子と母は，バスに乗って出かけるため，停留所に来ました。停留所では，バスを待つ人たちが，すぐそばの店の軒下に並んで，雨宿りをしながらバスを待っています。よし子は，母とその雨宿りの列に並びました。

　バスが来てよし子は駆け出し，停留所の先頭に並び，真っ先にバスに乗ろうとしました。そのとき，母に雨宿りで並んでいた順番のところまで連れ戻されました。バスに乗ると席は空いていません。母親の厳しい表情は変わりません。そのいつもと違う母の横顔を見ながら，よし子は自分がしたことについて考え始めました。

❷導入

　「雨の日に外に出かけたときのことで，何か覚えていることはありますか」と問い，経験を思い出させました。雨の日は，靴や靴下が濡れたり，荷物が濡れたりすることもあります。道路が混むこともあり，晴れの日より大変なことがあることを共有し，展開に入りました。

❸展開

　教材を読んだ後，「いつものお母さんと違うとても怖い顔でお母さんがよし子を並んでいたところまで連れ戻しました。よし子はそのとき，どう思ったでしょう」と発問しました。まず「不満に思いました」「なんでという気持ちです」という意見が出ました。

　その後，ワークシートを配布し，「今日のワークシートは，よし子の気持ちだけでなく，お母さんや，雨宿りをしていた人の気持ちも考えて書くスペースがあります。今考えたよし子の気持ちを書いた後は，どのスペースから書いてもいいので，思いつくところから書きましょう」と伝え三者の気持ちを考えていきました。子どもたちは，その立場になりきって，どんどん気持ちを書くことができました。

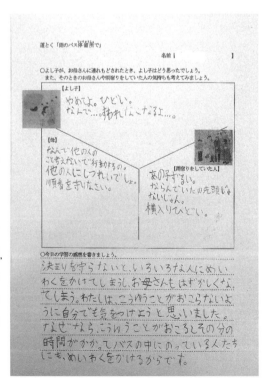

70

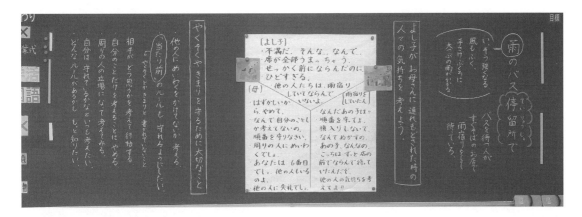

ツール活用のポイント

　板書でも，Yチャートと同じ用紙を準備しておき，教師が板書することで，子どもたちに書き方が確認できるようにしました。

　考えを発表するときには，「雨宿りをしている人」が「なんだ，あの子は！」と思うことに対して，「母」が「恥ずかしいからやめて」と感じるようなつながりも生かして，二者の考えを続けて発表させると，多視点で考えた効果が表れ，きまりの大切さを理解するヒントになるようにしました。

　展開後段で，「約束やきまりを守るために大切なことはなんだと思いますか」という発問をしました。「相手がどう思うか，周りの人のことを考えて行動することが大切だと思います」「自分はきまりが守れているかと，いつも考えることだと思います」というような意見がたくさん出ました。

　周りの人のことを考えて行動しないと，多くの人に迷惑をかけることになると気づき，ねらいにせまることができたと感じました。Yチャートを活用することで，母の怒りや雨宿りをしている人の不愉快な気持ちを考えたことが生かされたのだと思われます。また，きまりと明文化されていない場合にも，判断を間違えないようにしたいという前向きな考えをもてる子どももいました。

❹授業を終えて

　1学期の後半，効果的な思考ツールを活用した授業を何回か続けて実施しました。すると後半の授業では，1学期の前半よりも進んで挙手して発表する子どもが増えました。7月中旬に行った1学期の道徳の振り返りでは，「相手の気持ちを考える力がついた」とか「よく考えるようになった」と，自分の成長を感じている子が多かったのですが，それは，思考ツールを継続して活用した効果だととらえています。

（坂本千代）

事例 8

熊手チャートを活用した授業
―図書館はだれのもの（5年生）―
（出典：教育出版）

諸富祥彦の "ココ" がポイント！

「熊手チャート」は，道徳的に物事を考え，話し合っていくツールとして「最強ツール」の1つです。様々な視点からものを考えていくその視点をいくらでも増やすことができるからです。また，最初は教師の側からいくつか考えさせたい観点を記入しておき，それに基づいて思考させて，慣れてきたら子どもたち自身に追加で自由に視点そのものを考えさせるという展開もできます。これは，授業者側としてとても使い勝手があります。子どもに自由に考えさせたいが，教師としてはやはり，この視点だけは必ず踏まえてほしい，といったことがあるからです。観点として人間だけでなく，「きまり」といった概念を置き，そこから考えることもできることが示されていて秀逸です！

❶考えるツール＆議論するツールの活用ポイント

　熊手チャートは子どもに多面的・多角的な思考を促す上で非常に優れているツールです。ある1つの問題や事象について様々な観点から考えていくことがしやすいです。様々な観点から考えていくことがなかなかできない段階においては，教師の側からいくつか考えさせたい観点を記入しておき，それに基づいて思考させていくことができます。また，徐々に慣れてきた段階においては，自分で観点を考えさせ，思考を広げさせていくことができます。

　ポイントとして，まず，小さい四角にはどの立場や面（観点）から考えたのかを書かせることで，思考の観点が明確になります。次に，大きく空いているところには，その観点からみるとどう感じるのか，理由などをそれぞれ書かせていきます。実態に応じて段階的に使用することも可能であり，付け足していくこともできるツールです。

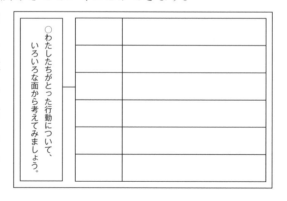

❷白熱した話し合いをつくるその他の工夫

　板書をワークシートと同じように熊手チャートで表すことにより，どの観点からの考えを話し合っているか明確にすることができ，それぞれの観点からの考えを深めることができます。また，それぞれの観点の関係についても明確にすることができます。

🐝 本時の流れ

（1）主題名　きまりを守って

（2）教材名　図書館はだれのもの（出典：教育出版）

（3）ねらい　お兄さんと私たちとのやり取りを様々な立場・側面から考えていくことを通して，きまりを守っていこうとする態度を養う。

（4）展開の大要

	学習活動・主な発問と予想される子どもの反応	指導上の留意点
導入	○きまりは何のためにあるでしょうか。 ・みんなが気持ちよく過ごすため。 ○きまりはたくさんあるといいですか。少ない方がいいですか。 ・ありすぎも困るし，ないのも困る。	・「きまり」についての子どもの意識を確認する。 ・揺さぶりをかけ，「大切なことは何か考えていこう」と意識づける。
展開	○「大学生くらいのお兄さん」，「みちおさん」の話を聞いて，どんなことを考えましたか。 ・うるさくしてしまったのはいけない。 ・お兄さんもそこまで言わなくてもいいのに。 ○ワークシートを使って，いろいろな面から考えてみましょう。 ・みちおさん　　・お兄さん　　・周りの人 ・きまり　・権利 などの観点から熊手チャートに記入していく。 ○図書館を使うときには，どんなことを大切にすればよいですか。 ・他の人に迷惑をかけないよう，ルールを守って利用すること。	・登場人物を先に紹介して範読する。 ・記入させる前に，自分はどう思ったのか問う。 ・どんな立場や面から考えられそうか全体で確認し，観点を書くことを伝える。 ・観点は自由に決めさせる。 ・熊手チャートをもとに，図書館を使うときは何を大切にするか考えさせる。
終末	○今日の学習を通して考えたこと書きましょう。 ・公共の場所を使うときは，きまりを守っていきたい。 ・他の人のことを考えていきたい。 ・迷惑にならないか考えながら，自分たちも利用できるようにしていきたい。	・考えたことを発表させ，全体で共有する。 ・学習状況について自己評価をさせる。

（5）評価　発言やワークシートから「きまり」について考えを深めることができたか。

🍃 授業の実際

❶教材のあらすじ

　私たちは学級新聞をつくるための調べものをしようと市立図書館へ行きました。学校にない本もそろっていて調べものがとてもはかどったのですが，新聞の記事にまとめるためには相談が必要となりました。わかりやすい記事にするため話し合いにも熱が入り，だんだんと声が大きくなってきたところに，近くで勉強をしていた大学生くらいのお兄さんから，「君たち，静かにしなさい」と少し強い口調で言われました。帰り道，みちおさんが「あんな言い方しなくてもいいのにね」と言ったり，他の部員も「ぼくたちだって遊んでいるわけではないのに」「私たちにだって，図書館を使う権利があるはず」などと言いたいことを言ったりし，私はすっきりしない気持ちが残りました。

❷導入

　はじめに子どもの授業前の考えとして「きまり」をどう捉えているのか確認するために，「きまりは何のためにあるの」と発問しました。子どもは「みんなが過ごしやすくなるため」など今までに学習してきたように，きまりは守った方がよいというように答えてきました。

　いわゆる「道徳の授業で先生が求めている答えを言う」ことはできているので，ここで「じゃあ，きまりがたくさんあって，きまりだらけになったらみんなはとても過ごしやすくなるんですよね」と揺さぶりをかけました。すると，「う〜ん」と唸った後「たくさんあると困る」と返ってきました。さらにダメ押しで，「じゃあ，ない方がいいですか。でも，みんなが過ごしやすくなるためにきまりはあるんですよね」と子どもにせまっていきました。子どもは「う〜ん」とさらに唸りました。

　そこで，多い・少ないの量ではなく，「きまりでみんなが過ごしやすくなるために何か大切なことがありそうですね」と確認し，「今日はそのことについて教材を読んで考えていきましょう」と次の展開につなげていきました。

❸展開

　「今日は『図書館はだれのもの』というお話を読んできまりについて考えていきます。登場人物を紹介します」と範読の前に登場人物を紹介しておき，教材の内容がすぐに子どもの思考に入っていくようにしました。そして，その後，範読を行いました。

　範読の後，「お兄さんとみちおさんたちの話を聞いて自分はどんなことを考えましたか」と発問し，自分が感じたことを率直に答えさせました。「確かにうるさくしたのは悪い」や「みちおさんたちも調べものをしていたのだから少しくらいならいいんじゃないかな」，「お兄さん

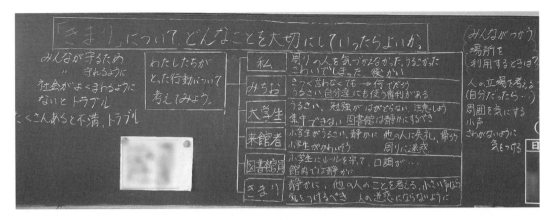

もそこまで言う必要はない」などみちおさんたちと同じような意見が出てきました。

　そこで，ワークシートを配布し，「私たちがとった行動について，いろいろな面から考えてみましょう」と問いかけました。「左側の小さい四角の中には誰の立場から考えるのか，何の面から考えたことなのかを書いてください」と伝えました。そして，「何が考えられるでしょうか」と投げかけ，また「今出てきたもの以外の面から考えてもいいですよ」と伝えておくことにより，様々な立場や面から考えられるように促して，実際に熊手チャートを書かせていきました。

ツール活用のポイント

・小さい四角にはどの立場や面（観点）から考えたのかを書かせる。

・右側の大きく空いているところには，その観点からみるとどう感じるのかを書かせる。

・書かせる前にいくつか一緒に確認し，それ以外でもよいことを伝えておくことにより，子どもに広い思考を促す。

・たくさんの観点から考えられそうということを確認し，子どもに多面的，多角的な思考を促す。

　熊手チャートに記入した後，1つずつ観点を確認し，子どもが意見を発表しました。

・私－周りの人を気づかえなかった，うるさかった，さわいで後悔している

・みちおさん－お兄さんの言い方がひどい，そんなにきつく言わなくても，何でお兄さんはあんな言い方したのだろう，自分たちにも使う権利がある

・大学生－勉強しているのにうるさい，勉強がはかどらない，注意しよう，静かにしてほしい，話し合いは別のところでやってほしい，図書館は静かにするべき

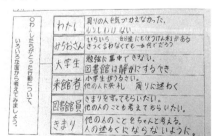

・来館者－小学生がうるさい，静かにしてほしい，他の人に失礼，うるさいからもう帰ろうかな，あ

んな言い方されて小学生がかわいそう，うるさくて周りの人に迷惑
・図書館員－小学生にルールを守ってほしい，大学生の口調がひどい，館内では静かに
・きまり－みんなが使うところだから静かにしてほしい，他の人のことを考えるべき，しゃべ
　　　　るなら小さい声で，さわがないように注意すべき，人の迷惑にならないようにする
　　　　べき，小学生だから少しくらいならいい，小学生でも守るべき

などの意見が出ました。特に「きまり」については「小学生なのだから少しくらい話しても
いいんじゃないか」という本音も出ましたが，「いや，それでも守るべきでしょ」「みんなが少
しくらい話したらとてもうるさくなるのでは」という反対の意見も出ました。

　その後，ねらいであるきまりについて図書館利用という点から考えさせるために，「図書館
を利用するときはどんなことを大切にすればよいでしょう」と発問しました。書いた後に子ど
もは「まわりの人の迷惑にならないように静かにする」や「ルールを守って静かにする」「他
の人のことを考えることが大切」「みんなのためのきまりだから守った方がいい」など発表し
ました。

❹終末

　「今日の学習を通して考えたことを書きましょう」と発問し，ワークシートに書かせました。
書かせた後，子どもは「きまりはたくさんあるときゅうくつになってしまうこともあるが，他
の人のことを考えてきちんと守ってい
くことが大切だと思った」や「公共の
場などみんなが使う場所などはみんな
のためにきまりがあるので，しっかり
と守っていきたい」などと発表しまし
た。

　最後に，「今日の学習はどうだった
か○をつけましょう」と5つの観点で
学習状況について自己評価させました。

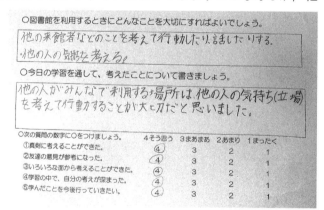

❺授業を終えて

　今回は「きまり」について図書館の利用という状況から考えさせました。単に自分たちの小
学生の立場や大学生くらいのお兄さんという観点からのみではなく，「きまり」や話し合いで
出た小学生の「権利（少しくらい話してもよい）」など様々な観点から考えさせる上で，熊手
チャートは非常に有効でした。観点の枠があるので，全員が3つ以上の観点から考えることが
できました。

（伊藤孝）

● ワークシート

日にち	図書館はだれのもの	名前

○わたしたちがとった行動について，いろいろな面から考えてみましょう。

（空欄）

○図書館を利用するときにどんなことを大切にすればよいでしょう。

○今日の学習を通して，考えたことについて書きましょう。

○次の質問の数字に○をつけましょう。

4そう思う　3まあまあ　2あまり　1まったく

①真剣に考えることができた。	4	3	2	1
②友達の意見が参考になった。	4	3	2	1
③いろいろな面から考えることができた。	4	3	2	1
④学習の中で、自分の考えが深まった。	4	3	2	1
⑤学んだことを今後行っていきたい。	4	3	2	1

事例 9

データチャートを活用した授業
―絵はがきと切手（４年生）―
（出典：教育出版）

土田雄一の"ココ"がポイント！

　教材から「ひろ子さんは何に迷っていたか」を明確にし，どうするかを一次決定しています。その後，それぞれの方法をとった場合についてデータチャートに整理することで，「迷っている部分」が明確になります。秀逸なのは「ひろ子にとって」「正子にとって」だけでなく「友情はどうなるか」についても検討している点です。さらに，データチャートに「他の方法」を加えて，２択ではない方法について考えさせた点もよいですね。子どもたちから「定形外のことを教える」という方法も出ており，友情も「よくなる」と考えた子が多数いました。その結果，二次決定ではより思考が整理されており，終末のコメントからねらい（友情）にせまることができた実践と言えます。

❶考えるツール＆議論するツールの活用ポイント

　データチャートは子どもに多面的・多角的な思考を促す上で非常に優れているツールです。ある１つの問題や事象について方法（解決策）を考え，その方法についてさらに様々な立場，観点から考察していくことに適しています。そして，それぞれの方法について，同じ観点から考察が並んで表されるため，それを比較したり，分析したりするのにも役立つツールです。

　まず，それぞれの方法を考えさせます。自分で考えられない段階においては方法をあらかじめ記入しておいてもよいでしょう。そして，それぞれの観点に照らし合わせてどうなのかを書かせます。また，観点も子どもが自由に決めることができるし，あらかじめ決めておくこともできます。

「絵はがき」料金不足		立　　場		その結果（友情は？）
		ひろ子さんにとって	正子さんにとって	
方法	不足を伝える			
	不足を伝えない			

❷白熱した話し合いをつくるその他の工夫

　「自分がひろ子さんだったら」という視点を与えてから範読を行うこと，また範読後に問題は何だったのか確認することにより，考えるべき問題が明らかになり，その上で自分だったらどうしたらよいかという視点で真剣に考えさせることができます。

🐾 本時の流れ

（1）主題名　より深い友情を求めて
（2）教材名　絵はがきと切手（出典：教育出版）
（3）ねらい　絵はがきが料金不足だったことを友達に伝えるか，伝えないか迷う主人公の気持ちを考えることを通して，よりより友情を築いていこうとする態度を養う。
（4）展開の大要

	学習活動・主な発問と予想される子どもの反応	指導上の留意点
導入	○「友達との付き合い」でどんなことが大切ですか。 ・仲良くすること。　・助けること。 ○たくさん助けてあげるといいですか。 ・助けすぎも友達のためにならない。	・「友情」についての子どもの意識を確認する。 ・「友情」について考えていくことを意識づける。
展開	○ひろ子さんは何に迷っていましたか。 ・料金不足を伝えるか，伝えないか。 ○自分がひろ子さんだったらどうしますか。ワークシートに書いてみましょう。（一次決定） ・伝えた方が正子さんのためによい。 ・伝えてしまうと友情が壊れるのでは。 ○それぞれの方法についてそれぞれの立場から考えてみましょう。 ・伝える方法・伝えない方法 ・ひろ子にとってどうか・正子にとってどうか ・その結果「友情」がどうなるか 　について考えデータチャートに記入する。 ○自分がひろ子さんだったらどうしますか。ワークシートにもう一度書いてみましょう。（二次決定）	・主人公が何に迷っていたか確認し，みんなの問題として考えさせていく。 ・一次決定は自分だったらどうか率直に書かせる。 ・各方法に対し，各立場から考えたらどうかデータチャートに書かせる。 ・各方法の結果，友情はどうなると思うかも書かせる。 ・二次決定はデータチャートや話し合いを通した考えについて書かせる。
終末	○今日の学習を通して考えたこと書きましょう。 ・相手のことを考えてどうするか決めていくことが友情で大切だと思った。 ・大切なことを伝えた方が自分にとっても友達にとってもよいこともあることがわかった。	・「友情」で大切だと考えたこと，大切にしたいことなどを書かせる。 ・考えたことを発表させ，全体で共有する。

（5）評価　発言やワークシートから「友情」について考えを深めることができたか。

🌑 授業の実際

❶教材のあらすじ

　最近転校していった仲良しの正子から，絵はがきがひろ子に送られてきました。しかし，その絵はがきは料金が不足していました。兄は「失礼だな。友達なんだから教えてあげたほうがよい」という立場。母は「お礼だけ言っておいたほうがいいかも」という立場であり，ひろ子はどうしたらよいか迷ってしまいます。その後，正子とのことを思い出し，（他の人にも，料金不足で送るかもしれない）と考え，料金不足のことを手紙の最後に書こうと思い，気持ちがすっきりしました。

❷導入

　はじめに，「『友達との付き合い』でどんなことが大切ですか」と聞くと，子どもは「仲良くすること」などと答えました。「じゃあ，たくさん助けてあげるといいですよね」と揺さぶると，「助けすぎもだめ」，「困っているときだけ」と返答があり，さらに「じゃあ，全く助けないのは」に対しては「それでは友達ではない」などと答えました。そこで，「友達との付き合い（友情）でどんなことを大切にしていくか考えましょう」と確認し，学習のめあてとしました。

❸展開

　「『絵はがきと切手』というお話を読んで友情について考えていきます」と伝え，場面絵とともに登場人物の関係性について確認しました。そして，「自分がひろ子さんだったらどうするか考えながら聞きましょう」と考える視点を与えてから範読を行いました。

　範読の後，「ひろ子さんは何に迷っていましたか」と確認し，「自分がひろ子さんだったらどうしますか。理由も書きましょう」と子どもに一次決定をさせました。その後，どうするか簡単に聞いた後，以下のポイントをもとに，データチャートに記入をさせていきました。

┌─ ツール活用のポイント ─────────────────────┐

・それぞれの方法をとった場合，それぞれの立場にとってどうなのかを書かせる。

・それぞれの立場から考えさせたら，その結果，友情はどうなるのかを書かせる。

・他の方法があったら書き加えてもよいことを伝える。

└─────────────────────────────────────┘

　その後，話し合いを行い，「不足を伝える」場合はひろ子さんにとって，「きっと正子さんもわかってくれるはず」，「でも少し嫌な気持ちになるかも」，「自分はすっきりする」などが出ました。また，正子さんにとっては「少し嫌な気持ちかな」，「教えてくれてありがとう」，などが出ました。その結果友情はどうなるかについては「本当のことが言えて深まる」，「ダメにな

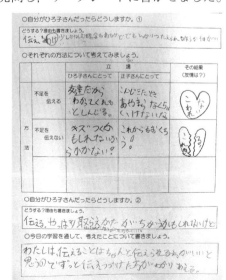

らないか心配」などが出ました。また，「不足を伝えない」場合には，ひろ子さんにとって「正子さんがまたまちがえてしまうのではないか」，「正子さんが心配」などが出て，正子さんにとっては，「ひろ子さんは教えてくれなかった」，「恥をかく」などが出ました。そして，その結果，友情はよくならない，壊れる，変わらないなどが出ました。それぞれいろいろな気持ちがあることを確認をした後，「不足と直接書かないで，定形外郵便があることを教えたらどうか」，「言い方を考えて正子さんが傷つかない言い方を考えればいいんじゃない」という意見が出ました。

　その後，二次決定をさせました。「伝えるけど，自分が信頼している人だからもっと仲良くしていきたい」「友情がより深くなるように伝えていきたい」などの意見が出ました。

❹終末

　「今日の学習を通して考えたことを書きましょう」と発問し，ワークシートに書かせました。書かせた後，子どもは「人の立場はそれぞれちがう。相手の立場になって考えるのが大事」，「相手が傷つくかなと思うときは言い方を考える」，「友情は仲間で助け合うことだとわかった」，「友達だからこそはっきりと言うことが大切」などと発表しました。

❺授業を終えて

　料金不足を伝えるか伝えないかという主人公（自分だったら）という一面的な見方ではなく，データチャートを活用したことで，それぞれの方法，立場について多面的に考えさせ，話し合わせることができました。

（伊藤孝）

クラゲチャートを活用した授業

—外国から来た転校生（5・6年生）—
（出典：ココロ部！　NHK for School）

土田雄一の"ココ"がポイント！

　クラゲを2つ用意し，頭の部分を「自分の考え」と「自分とは違う考え・立場」で考えさせています。クラゲの「足」があることで，その理由をたくさん書こうとする意欲につながります。つまり，楽しく多面的・多角的に考える力を育てています。さらに「自分とは違う考え」の立場で理由を考えることで双方の考えや思いに触れることができます。秀逸なのは「双方に共通している大切なことは？」と問い，「エレナを考えること」という意見を引き出していることです。その上で，「外国の人と一緒に暮らすために大切なことは何か」を考えさせることで，「日本のルールに合わせるのが当たり前」から，「多文化を尊重しようとする気持ち」へ変化していることがわかります。

❶考えるツール＆議論するツールの活用ポイント

　クラゲチャートのよさは，自分の意見（頭）についてなるべくたくさん理由（足）を書くことで，新しい視点が見つかり，自分の意見により説得力が生まれることです。ワークシートや板書にはクラゲチャートを2つ用意しています。下図の「①自分の考え」に意見と理由を書いたら，下図「②　①とは違う考え・立場」についても考えるように声をかけています。自分が最初に考えた視点とは別の視点から課題をとらえ，考えを広げることをねらいにしています。

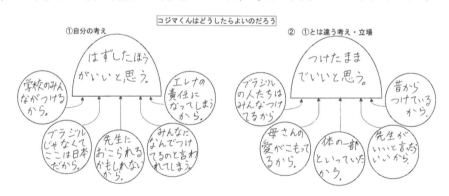

❷白熱した話し合いをつくるその他の工夫

　今回扱ったのは「ココロ部！」（NHK for School）の映像教材です。このシリーズは毎回，主人公が葛藤し，悩むストーリーになっています。道徳的問題がわかりやすく提示されるので，子どもたちも課題をすぐに把握することができます。一方，正解や結末の提示はされないので，子どもたち自身で答えのない問題について考えていくことになります。

本時の流れ

（1）主題名　ともに生きていくためには
（2）教材名　外国から来た転校生（出典：ココロ部！　NHK for School）
（3）ねらい　コジマくんが悩む姿を通して，多文化をもつ人たちとともに生きていくためにはどのようなことが大切か考えることができる。
（4）展開の大要

	学習活動・主な発問と予想される子どもの反応	指導上の留意点
導入	1　教材を見る視点をもつ。 ○コジマくんがどんなことに困っているのか，コジマくんの立場で番組を見ましょう。	
展開	2　映像の前半（7分49秒）を視聴して，コジマくんの悩みについて話し合う。 ○コジマくんは何に困っているのでしょう。 ・エレナさんのピアスをそのままにしておくのか。 ○コジマくんはどうしたらよいと思いますか。理由も一緒にワークシートに書きましょう。 ・外すように言う。ここは日本だから日本のルールに従った方がよい。 ・ピアスはつけたままでいい。大事なものを外せというのはかわいそうだ。 ・ルールについてみんなで話し合った方がよい。 ○意見を聴き合いましょう（グループ→全体） 3　後半を視聴して，外国の人とともに暮らすには何が大切か話し合う。 ○なぜ外国の人がお風呂で水着を着ることを認めている温泉があるのでしょう。 ・外国からの観光客が来なくなるから。 ・外国の人も温泉を楽しめるように。 ◎外国の人と一緒に暮らすために大切なことは何でしょうか。ワークシートに書きましょう。 ・お互いによく話をすること。 ・違いを受け入れること。	・イラストを使って困っている状況を整理する。 ・エレナにとってピアスは大切な物であることを確認する。 ・1つ目のクラゲチャートが書けたら，異なる意見・立場で2つ目のクラゲチャートに記入するよう声をかける。 ・意見が異なっていても，エレナのことを思う気持ちが共通していることを確認する。 ・文化の違いを受け入れることや対話をすることの大切さに気づかせたい。
終末	○今日の学習から考えたことをワークシートに書きましょう。 ・日本との違いを受け入れる気持ちが大切だと思う。 ・ルールをみんなで話し合って見直すことも大事だ。	・多文化理解とその尊重の重要さに気づいている記述があれば取り上げて紹介する。

（5）評価　異文化を受け入れ，まわりの人とよりよく生活しようとする気持ちをもつことができたか。
　　　　　（ワークシート）

🍃 授業の実際

❶教材のあらすじ

　コジマは高校生。クラスの学級委員。今日，ブラジルからエレナという転校生が来ました。エレナの耳にはピアスがついていました。クラスメートのミキが，「学校のルールがあるから外した方がいい」と話しかけましたが，エレナはきっぱりと断ります。コジマもエレナの説得にあたります。けれど，エレナの話をよく聞いてみると，産まれてすぐピアスをつけるのがブラジルでは当たり前で，母親の愛が込められているといいます。コジマはどうしたらよいか困ってしまいました……。

❷導入

　「コジマくんがどんなことに困っているのか，コジマくんの立場で番組を見ましょう」と指示し，教材を視聴する際のポイントを確認しました。

❸展開

　映像の前半部分までを視聴し，イラストを使って問題場面を整理しました。その後，「コジマくんはどうしたらよいか，自分の考えを書きましょう」と指示し，課題解決に入りました。

┌─ ツール活用のポイント ─┐

・理由（足）の部分は，1個書いたら終わりではなくできるだけたくさん書く（書くことが苦手な子どももいるため，5つの足を全部埋めなくてもよいことも伝える）。
・1つ目のクラゲとは違う意見・立場で2つ目のクラゲにチャレンジする（外す・外さない以外の意見を書いてもよいことを伝える）。

　「ピアスは外してもらう。日本の学校のルールに合わせるべき」という考えを書いて，鉛筆が止まっている子どもが多く見られました。そこで思考が止まらないように，「転校してきたその日に，大切なものを外せと言われたらエレナはどう思うかな」と問いかけたり，ワークシートの2個目のクラゲチャートに「ピアスを外させる」以外の考えも書くように声をかけたりしました。すると，「無理にピアスを外させたらエレ

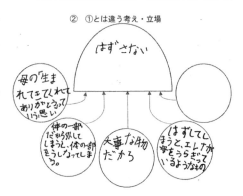

ナも両親も悲しむ」という意見や，「やっぱりピアスを外さないとエレナもまわりから注意されて困ることになる」，「先生にも相談した方がよい」などの意見が出ました。

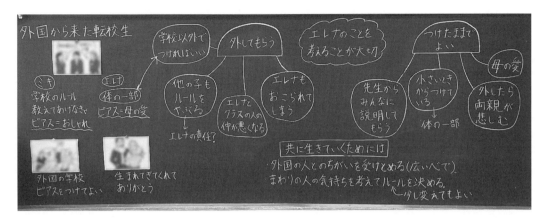

　一通り意見を全体で共有したところで，「みんなの意見，それぞれ細かい違いはあるけれど，共通している大切なことって何だろう？」と発問すると，「エレナのことを考えることが大切」という発言が出ました。エレナによりよい学校生活を送ってもらいたいという気持ちが大切であることを全体で共有しました。その後，映像の後半部分を視聴し，外国の方の水着着用を許可している温泉を例に，多文化尊重について考えました。ルールを少し変えることでみんなが気持ちよく過ごせることに気づかせました。そして，「外国の人と一緒に暮らすために大切なことは何でしょうか」と発問しました。ワークシートから以下のような意見を取り上げました。

> くらしのちがいを気にしない。外国の人たちがピアスやいろんなものをつけてるのは理由があるかもしれないから。

> みんなの気持ちを考える。そしてその事もふくめ校そくやきそくなどを少しだけかえて外国の人でも住みやすい所にしたらいいと思う。人それぞれちがうから。

❹終末

　子どもたちが書いた感想から，「お互いを理解し，ゆずりあうことが大切だと思った」という記述や，「外国の人たちの気持ちも大事だけど日本の規則を守ることも大事だと思う」といった記述を紹介して授業を終えました。

❺授業を終えて

　授業前半では「日本のルールに合わせるべきだからピアスは外させる」という意見が多数でしたが，授業後の感想では多文化尊重にかかわる記述が増えました。クラゲチャートは自分の意見に対して理由を複数書いていくので，子どもたちの考えが広がるというメリットがあります。2つの立場について考えたことが話し合いの土台になり，よりねらいにせまることができたと思います。そもそもなぜピアス禁止の規則があるのかという疑問が子どもたちから出ていたので，そこに焦点を絞って授業をしてもよいと思いました。

（佐藤俊輔）

事例 11

ピラミッドチャートを活用した授業

―母の仕事（5年生）―

（出典：光文書院）

土田雄一の "ココ" がポイント！

　ピラミッドチャートを活用して，「働くことの意義」を明確にしていった実践です。下段に「良し悪しではなく思いついたものを書く」ことがポイントです。多様な考えの中から理由を明確にして大切にしたいものを絞っていくプロセスは，自分自身の価値観を整理するプロセスであり，実生活にも生きて働く力となります。働くことは「お金のため」という意見から，話し合いが深まり，「やりがい」が大事であり，「人や社会のために働く」ことにも目が向いています。また，自分で適切な思考ツールを選択してノートにまとめているのがすばらしいです。問題場面で適切な思考ツールを活用できることがよりよい選択や意思決定をすることができる力につながります。

❶考えるツール＆議論するツールの活用ポイント

　ピラミッドチャートは，たくさんある考えの中から自分の一番納得のいく考えは何かを捉えやすくする際に有効です。下段には，問いに対する考えを「良し悪しは関係なく」思いつくままに書かせます。中段には，その中からより大切にしたい考えを書かせます。さらに，どうしてそのように考えるのか理由を話させ，価値の共有を行います。上段には，話し合いを通して自分が一番納得した考えを1つ書かせ，価値の焦点化を図ります。

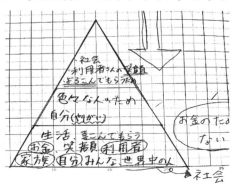

　本時で考えた「何のために働くのか」という問いに対する答えは様々であり，答えはそれぞれの価値観によって決められるものです。様々な考えに触れることにより，自分の中での価値の順序は変化するものであり，多様な考えを引き出します。

❷白熱した話し合いをつくるその他の工夫

　子どもの考えとして「お金のため，自分のために働く」という答えが予想されます。本時で考えさせたい「人のため，社会のために働くことが自分の喜びにつながる」という点とは相反する考えです。「お金のため，自分のために働く」という考えの子どもがいれば，そのように考えた理由を聞き，全体でも考えさせます。また，そのような意見が出ない場合は「お金が一番大切か」「仕事は何のためにあるのか」「自分のために働くことだけが大切か」などといった切り返しの発問を適宜投げかけることで，様々な方向から考えさせ，価値観を引き出します。

🍂 本時の流れ

（1）主題名　働くことの意義

（2）教材名　母の仕事（出典：光文書院）

（3）ねらい　働くことの意義を理解するとともに，人々のために役立つ仕事をしようとする心情を育てる。

（4）展開の大要

	学習活動・主な発問と予想される子どもの反応	指導上の留意点
導入	1　やってみたい，興味のある職業はあるか聞き，本時の学習に意欲をもたせる。 2　何のために働くのかを考える。	・本時の学習への意欲をもたせると同時に，はじめの考えを押さえて，終末での変容を捉えやすくする。
展開	3　「母の仕事」を読んで考える。 ○お母さんの様子を見て，ひろ子さんはどのように思っただろう。 ・辛いなら仕事をやめればいいのに。 ・辛いのになぜ働くのだろう。 ○お母さんは，何のために一生懸命に働くのだろう。 ・お金，生活のため。　・自分のため。 ・家族のため。　　　・みんなのため。 ・喜んでもらうため。 ◎お母さんの話を聞いて，ひろ子さんの仕事に対する考えは，どのように変わっただろう。 ・自分のためだけではなく，他の人や社会のために働くことは素晴らしい。 ・人のために働くことから喜びを感じられる。	・ひろ子の心情を捉え，共感できるようにする。 ・ピラミッドチャートを活用し，考えを整理する。 ・グループでの話し合い活動を通して，考えを共有し，深める。
終末	4　導入とかかわらせ，授業を振り返る。	・授業を通して得た新しい考えを確認し，本時の学びを共有する。 ・導入とかかわらせて振り返りをする。

（5）評価　人のために働くことが，自分の喜びにつながるということに感動しているか。（発言・ノート）

● 授業の実際

❶教材のあらすじ

　母の様子を見たひろ子は，体が辛いのにどうして仕事を辞めないのかを母に聞きます。すると母は，自分の仕事について話を始めます。チームで協力して仕事をすることの苦労や大切さ，施設の利用者への思い，仕事のやりがいなどを聞き，ひろ子は働くことの意義について考えを広げます。

❷導入

　本時のテーマを確認し，やってみたい，興味のある仕事について聞きました。明確にやりたいことが決まっている子ども，まだ将来について考えをもてていない子どもなど様々ですが，自分の興味のあることを聞き出すことで，「話をしたい！」という雰囲気をつくり，テーマに対して興味を向けさせました。また，「何のために働くのか」を聞き，子どものこれまでの経験からの考えを引き出し，共有をしました。一人1つは考えをもつように助言をすることで，終末での振り返りのときに，考えの変容や深まりを子ども自身が捉えられるようにしました。

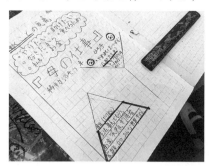

❸展開

　教材を読んだあと，「お母さんの様子を見て，ひろ子はどのように思ったでしょう」と発問しました。子どもからは，「大変なら，辞めればいいのに」「仕事が大変そうだし，お母さんのことが心配だなぁ」「別の仕事にすればいいのに」「もっと楽な仕事にしたら，お母さんも大変な思いをしないと思う」といった意見が出されました。

　その中から，「辛いのになぜ仕事をやめないの？」という疑問に焦点を当て，お母さんは何のために働くのか，「働くことの意義」についてせまりました。ここでは，ピラミッドチャートを活用して考えの可視化を図りました。

　まず下段で「お母さんは何のために働くのか，思いつくことすべてを下段に書きましょう」と発問をしました。ここでは，考えられることを「良し悪しは関係なく」書かせました。子どもはよいと思うことばかりを書きがちですが，ここではあえて「良し悪し関係なく」書かせることで，多様な考えを引き出せるようにしました。そうすることで，

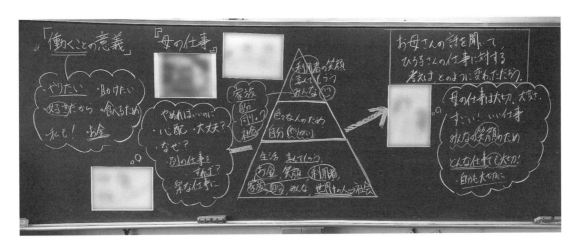

「なぜ良いのか／悪いのか」といった理由の部分に焦点を当てることができ，考えをより深めることができます。今回は「生活・お金のため」という意見から始まりました。本時のねらいとはそれますが，ここではどんな意見でも受け入れます。また，「家族・自分のため」「みんなのため」「利用者さんのため」「世界中の人」といった「人」のためという考えや，「喜んでもらうため」「笑顔のため」などの感情面にも目を向けた考えが出されました。「世界中の人」というのは意味合いが広いので，どのように捉えるか話し合い，今回はこれを「社会全体」と置き換えました。

　中段では，下段で出された様々な考えを踏まえ，お母さんが大切にしていることは何かを書かせました。「この中で，お母さんが大切にしていることは何だと思いますか」という発問に対して，「いろいろな人のため（家族や施設の利用者）」「自分のため（仕事へのやりがい）」といった，「人のため」という考えが多くの子どもから出されました。そこで，下段でも出された「生活のため」「お金のため」という点に触れ，給料をもらって生活をしていくことが大切ではないのか，全体に発問をしました。「やはりお金は大切だよ」「生活するために働くので，そのためのお金は大事」という意見の反面，「お金も大切だけど，一番ではないんじゃないかな」「お金よりも大切なものがあると思うよ」「仕事へのやりがいを感じることが大切」という意見が出されました。この場合，どの意見も間違いではありません。本時のねらいにせまるために，「ひろ子さんのお母さんはどうか」ということからはそれないように，たくさんの考えを引き出し話し合い活動を行いました。

　全体での話し合い活動をした後，「お母さんは何のために働くのか，そして一番大切にしていることは何か」を上段に書かせました。ここには，自分自身で考えたことや話し合い活動を

通して考えたことなど，ここまでの学習活動を通して考えた，自分の一番納得のいく考えが書かれます。今回の学習では，「みんな（家族，自分，同僚，施設の利用者，社会全体）が笑顔になること，また，喜んでもらうことが大切である」という考えが，全体で共有されました。

ツール活用のポイント

・下段には，「お母さんは何のために働くのか」，考えの「良し悪し関係なく」たくさん書かせ，多様な意見を引き出します。
・中段には，下段で出された考えの中から，より大切だと思うものを書きます。
・なぜそのように考えたのか，理由を含めて意見を聞き，考えの共有を図ります。
・上段には，考えの共有を踏まえて自分の一番納得した考えを書きます。

ここまでの活動を踏まえて，「お母さんの話を聞いて，ひろ子さんの仕事に対する考えは，どのように変わっただろう」と発問しました。ひろ子さんの考えの変容を捉えることを通して，自分自身の考えの変容に気づけるようにすることをねらいました。

❹終末

終末では導入の板書に戻り，授業の始めにはなかった新しい考えについて確認をしました。今回は「みんなのために働く」という点が新しい考えで，この「みんな」の中には，「自分」「家族」「同僚」「利用者（お客さん）」「社会」が含まれるということが挙げられました。また，「やりがい」というキーワードにも着目し，この「やりがい」には，「自分や家族のため」「お金のため」に働くことなどの他に，「人や社会のため」に働くことでやりがいを感じることも押さえました。

さらに，本時の学習はどのように普段の生活にいかせるかを聞くと，「委員会活動や係活動でいかせる」という意見が出されました。本時で考えたことを今後の学校生活で実践し，その都度評価をしていくことで，より価値の理解が深まると思われます。

❺授業を終えて

今回の授業で子どもから挙げられた考えは，働く上でどれも大切なことです。そのため，ねらいにせまるためにピラミッドチャートを活用することで，様々な考えがあることを把握し，話し合い活動を通してその理由を明確にして，子どもの思考を焦点化していくことができました。

しかし，子どもの中には最後まで「お金が大切！」と主張している子もいました。お金も大切ですが，本時のねらいとはそれてしまっています。もっとお母さんの思いに寄り添えるような発問や仕事の本質について考えるような発問をすることで，ねらいとする価値にせまれるようにする工夫が必要です。

ツールの実物

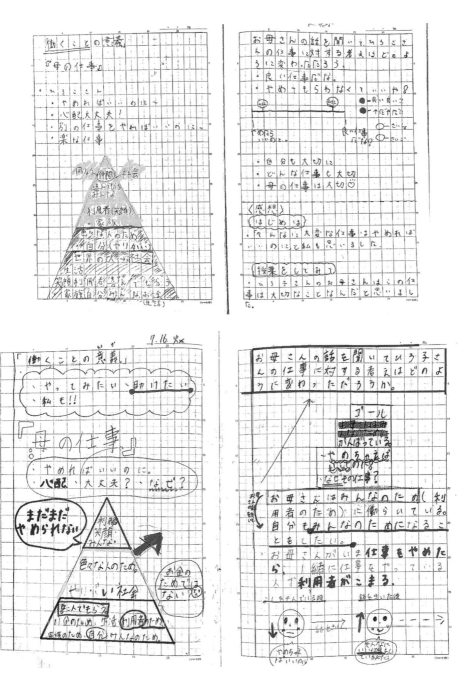

　クラス共通でピラミッドチャートを活用し，考えの焦点化を図りました。また，必要であれば適切なツールを自分で選択し，考えを広げたり深めたりする手立てとしていきます。

（伊藤穂高）

事例 12

バタフライチャートを活用した授業

―おくれてきた客（5・6年生）―
（出典：ココロ部！　NHK for School）

土田雄一の "ココ" がポイント！

　友達との「対話」からスタートし，バタフライチャートを活用して，おばあさんを「入れる」ことに対しての「強い賛成」「賛成」「反対」「強い反対」の理由をグループごとに考えさせています。多面的・多角的に考えさせるだけでなく，「きまりの意味」について考えることを柱に，それぞれの理由の奥にある「道徳的な心」も考えさせ，道徳的諸価値についての理解を深めようとしている点もユニークです。さらに教材にはない「入れたい警備員」と「規則を尊重したい館長」の役割演技を行っていますが，前半の話し合いから役になりやすい状況となり，演者だけでなく，観客（子ども）も一緒に考えることができます。多様なアプローチでねらいにせまる展開がすばらしいです。

❶考えるツール＆議論するツールの活用ポイント

　賛成・反対など二項対立が明確なときに活用できるのが「バタフライチャート」です。賛否の根拠を整理することで，議論の土台をつくることができます。また，自分の意見だけで考えるのではなく，別の立場の人はどうしてそう考えるのだろう…と，反対の立場の考えの根拠を想像するという活用もできます。そうすることで，より多面的・多角的に考えることができます。

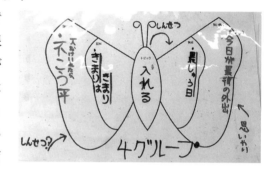

❷白熱した話し合いをつくるその他の工夫

　話し合う土台をつくるために，多くの子が内容理解しやすい動画教材を活用しました。「ココロ部！」は，テーマが明確です。番組前半では，問題場面がわかりやすく描かれます。後半では，さらに葛藤が強くなる新たな視点が描かれ，一気に話し合いのエネルギーが高まります。

　バタフライチャートで多面的・多角的に考えたことを，役割演技を通してリアルな会話で表現します。いろいろな根拠をもちながら，議論するのです。単純に「きまりはきまり」と言っていても，相手は納得しません。実際に即興的に演技してみると紙の上での思考では気づかなかった「きまりを守る意味」が見えてきます。「私ならこう言う！」という思いが，さらに議論を白熱させ，自分なりの納得解を生み出すことができる学習になっていきます。

🎯 本時の流れ

（1）主題名　法やきまりを守って

（2）教材名　おくれてきた客（出典：ココロ部！　NHK for School）

（3）ねらい　母娘のお願いに悩むコジマくんを通して，きまりを問い直し，規則の意味を考え進んで守ろうとする実践意欲と態度を育てる。

（4）展開の大要

	学習活動・主な発問と予想される子どもの反応	指導上の留意点
導入	1　学習テーマ「きまりの意味」を確認し，自分なりの現状の考えを交流する。	・自分なりの考えをノートに箇条書きで整理させる。
展開	2　番組（前半7分35秒まで）を視聴する。 3　自分ならどうするか語り合う。（ペア） ・きまりはやっぱり守らないと。 ・せっかくなんだから，入れてあげたいな。 4　番組（残りの2分25秒）を視聴する。 5　問い（課題）をつくり，語り合いながら考える。 　　問い：「遅れてきたお客さんを入れるべきかどうか，考えよう」 バタフライチャートのトピック：お客さんを入れる ※賛成反対両方の立場に立って，そう考える理由を考える。 6　「入れてあげたい警備員」と「きまりを守るべきと考える館長」になって役割演技をしたり見たりし，状況についてリアルに考える。 警備員～事情が事情だから，どうしても入れたい。 館　長～責任として，公正公平の観点から難しい。	・視聴する際には，どの子も見やすい環境をつくる。 ・問題場面について，一人ひとりが考えをもてるように語り合う場面をつくる。 ・何で悩んでいるのかを明確にし，課題意識を高め，問い（課題）をつくる。 ・まなボードとバタフライチャートを活用して，グループで問いについて考えさせる。 ・役割演技を見ていて，それぞれがどんな思いを大切にしていたのか，見ている子にも問い，考えを深めていく。
終末	7　改めて，きまりを守る意味について考える。 ・きまりを守らないと，不公平になってしまう。 ・きまりを守ることが，最終的にみんなの笑顔につながる。 ・きまりは何よりも大事なのかなぁ。やっぱりこういうときは，特別に入れてもよいのではないか。そういうきまりにできないかな。	・きまりを守ることだけでなく，「きまり自体」についてという視点を与える。 ・考えをまとめた上から，立ち歩き交流をさせ多面的・多角的に考えられるようにする。

（5）評価　役割演技などを通して，法やきまりの意義を理解した上で，きまりを守っていきたいと考えることができたか。（発言・ノート）

✿ 授業の実際

❶教材のあらすじ

主人公コジマは美術館の警備員として，決断をせまられます。絵画展の最終日，閉館時間を過ぎて遅れてきた客との対応で，入れてあげてもよいか，きまりはきまりとして断るべきかで悩みます。どうするべきか，双方の理由を考えながら葛藤する姿が描かれ，「君ならどうする？」と課題意識をもちやすい動画教材です。

❷導入

「きまりの意味」と板書し「自分なりの考えでよいので教えて」と発言を促します。いくつか例を知った上で，一人ひとりが箇条書きで既有の考えを整理してノートにかくようにします。「いま一度，きまりの意味について考えてみましょう」と学習の方向性を示し，教材の視聴へといざないます。

❸展開

番組前半（7分35秒）を視聴し，「君ならどうする？」という投げかけに対して，自分なりの意見をもって，ペアで近くの人と短時間で語り合った上で，すぐに後半の視聴に入ります。そうすることで，問題意識を高めることができます。

バタフライチャートの中央に「入れる」と書き，それに対して「強い賛成」「賛成」「反対」「強い反対」という4つの立場の根拠をグループで考えていきます。他のグループのチャートを見合う時間をとり，いろいろな立場の人がいることを感じられるようにすると，より多面的・多角的に考えることができます。

また，ある程度考えを整理できたところで，「道徳のいろいろな心（内容項目）」を位置付けるとしたら，どこにどんな心が当てはまりそう？と道徳的諸価値との関連も意識させるようにすると学びが深まります。

> ┏━━ ツール活用のポイント ━━┓
>
> 中央のトピックは，全体で共通にしましょう。バラバラだと，グループにより賛否が反対に見え，共有しにくくなります。賛否の理由をある程度整理できたところで，それぞれの理由がどの内容項目と関連しているかを意識させましょう。また，ペンの色に自分たちなりの意味をもたせることも，大切です。

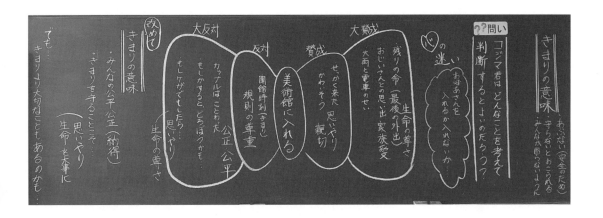

　さらに，役割演技を行います。ツールで考え議論したことだけではなく，即興で演技をして
いく中で，その子の心の中が見えるのです。「おばあさんを入れてあげたい警備員」と番組に
は出てきませんが「規則を守るべきと考える美術館の館長」という２つの役割を設定します。

　「入れてあげたい！」という気持ちをもっている子と「きまりは守るべき！」という子を役
割演技で対立させると，白熱した議論が期待できます。

　「きまりはきまりだから」の一辺倒な意見では，みんながどうも納得できません。同時に，
「だからといってきまりを破ってよいのか？」という悩みも生まれます。

　「もっと相手が納得できるように語れる人はいるかな？」と代打の演者を募集し，役割演技
を繰り返していく中で，きまりの意味を考えていくことができます。

　演技を見ていた子どもたちに，「見ていて，それぞれどんなことを大切にしていたと思う
か」と問うことで，演者の心を行動から推し量ることも大切です。演者が直感的に演技したこ
とを再認識し，自己を見つめることができる場となるからです。

　この後は，導入時にメモした「きまりの意味」と本時の学びを比較しながら，自分の学びの
深まりを実感できるようにします。友達との対話を通して新たに気づいたことを中心に「きま
りの意味」を整理させると，一面的な見方からより多面的・多角的な見方へと深まっていること
を子ども自身感じられるようになるでしょう。

❹授業を終えて

　一人ひとりが賛成反対という明確な立場をもってディベートのように議論するよりも，一人
ひとりがいろいろな立場を考えることの方が，一人ひとりに「悩み」が生まれ，より多面的・
多角的に考えているように見えました。何を大事にしていくべきか，きまりとは何か，考えて
いく中で，「きまり自体どうにかならないかな」とより広い視点をもつ子もいました。

（安井政樹）

事例 13

キャンディチャートを活用した授業

―人間をつくる道　剣道（6年生）―

（出典：日本文教出版　他）

土田雄一の"ココ"がポイント！

　ウェビング，役割演技，キャンディチャート等，多様な指導方法を活用しながら，「礼儀の大切さ」を実感させる授業展開です。先生とぼくの気持ちを考える役割演技をしたあとに，キャンディチャートで「もし～ならば」「礼儀を大切に思えるだろう」「その理由は～だからです」と一人ひとりが考えたことや気づいたことを自分の言葉でまとめています。礼儀は「形」ではなく，「相手の存在があること」にも強く意識を向けることができた実践です。思考ツールと役割演技を活用することで，より実感を伴った授業となったことがわかります。

❶考えるツール＆議論するツールの活用ポイント

　ウェビングを使った導入では「礼儀」から連想される事柄を可視化することにより，本時では礼儀について考えることを意識づけすることができました。

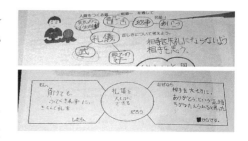

　キャンディチャートは，左から「もし，～なら」「～だろう」「なぜなら～だからです」と仮定し想定されることを書きます。そうすることにより，具体的に礼儀正しくすることがどのようにつながるかを想定し，その意義について考えることができました。

❷白熱した話し合いをつくるその他の工夫

　2人組になり，主人公役と礼儀の大切さを説く先生役と立場を交代して演じました。「礼儀は大切」と，導入の段階でわかっていた子どもも，先生役として主人公に礼儀の大切さをどう説くかを考えながら演じてみたり，キャンディチャートを使って，礼儀に関する具体的な場面を書き出したりすることで，あらためて「礼儀正しさ」が何に通じていくのかを具体的に想定することができました。

🏵 本時の流れ

（1）主題名　礼儀正しさ

（2）教材名　人間をつくる道　―剣道―（出典：日本文教出版）

（3）ねらい　勝敗にこだわり礼儀を欠いた行動をとったぼくが，礼儀の大切さについて考え直す姿を通して，自らも礼儀正しくしようとする心情を育てる。

（4）展開の大要

	学習活動・主な発問と予想される子どもの反応	指導上の留意点
導入	1　「礼儀」という言葉から連想されることを発表する。 ・相手に失礼のないようにすること。 ・挨拶，部活，作法やマナー。	・礼儀正しさとは何かを考える。
展開	2　教材を読んで，先生とぼくの気持ちを考える。 ・先生　負けてふてくされた態度をとるな。 ・ぼく　たくさん練習したのに負けて悔しい。 3　引き上げを注意された後，大人の試合を見て，「ぼく」はどんな気持ちになったか考える。 ・負けても，最後までしっかりと礼をしているな。 ・お互いに礼をしている姿がかっこいいな。 4　礼儀正しくすることが，どんなことにつながっていくのかについて考える。 ・もし，礼を大切にしたら，礼に心がこもるだろう。 ・相手が礼儀正しいと，自分も真似しようと思える。	・2人組になり，先生とぼくの気持ちを考え演じる。 ・テレビで「引き上げ」の映像を見る。 ・勝敗に限らず，相手を敬う気持ちの大切さに気づく。 ・キャンディチャートを使って，礼儀正しさについて改めて考える。
終末	5　礼儀について考えたことを発表する。 ・勝負の場面でも相手を思う礼儀が大切にされていることがわかったから，自分も礼を丁寧にしたい。 ・「戦ってくれてありがとう」という気持ちが大切。	・教材を通じて考えたこと，ツールを使って考えたことの感想を発表する。

（5）評価　礼儀の意義について考え，礼儀正しくあろうという気持ちをもつことができたか。（ワークシート・発言等）

授業の実際

❶教材のあらすじ

　主人公の「ぼく」は，剣道の試合に負け，ふてくされた態度をとってしまいます。先生はそんな「ぼく」を慰めず，試合後の「引き上げ」（作法）の見苦しさに対して注意をしました。その後，大人の試合見学を通し，「礼」を大切にする姿，その精神は昔から引き継がれてきたものだと知ります。剣道のけいこは人間をつくる道に通じていることに気づいたぼくは，再びけいこに向き合い始めます。

❷導入

　挨拶，集会，作法等，「礼儀」から連想されることをウェビングマップにしました。子どもの意識に，「礼儀」は大切なものという思いがありました。子どもをほめつつ，改めて「礼儀」について考えようと投げかけました。

❸展開

　展開では，教材を読み，「ぼく」が試合後にふてくされて引き上げをした場面から，ぼく役と先生役に分かれ，役割を交代しながら演じました。負けた悔しさでいっぱいのぼくに対して，「勝負以外にも負けていることがあるぞ。相手に戦ってくれてありがとうという気持ちをもちなさい。自分の態度で相手を不愉快にさせてはだめだ」等，礼儀の大切さを説いていました。

　さらにキャンディチャートを活用して，礼儀正しくすることがどんなことにつながっていくのかについて考えさせました。子どもたちは，「相手の気持ちを考えるなら」「礼儀を大切に思えるだろう」「なぜなら，相手をちゃんと見ている証拠」など，いつも以上によく考えていました。

❹終末

　ワークシートの振り返りの欄に書いた本時の感想を子どもに発表してもらいました。「戦いだけじゃなく，礼儀も大切にすれば，相手も自分の気持ちをわかってくれる」，「礼儀で勝てないのに，勝負で勝っても，それは真の勝利ではない」，「剣道だけではなく，他のスポーツにも浸透している。礼儀は人を育てるということを知ることができてよかった」，「礼儀は人を思うことが大切だと思いました」等，導入の場面で感じていた「礼儀の大切さ」に対する認識から，「礼儀をどう大切にしていくか」という思いをもつことができました。

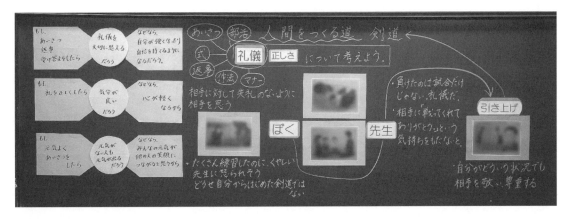

❺授業を終えて

キャンディチャートを活用することにより，礼儀は形式的なものではなく，その先には相手への思いやり，日本の伝統，人間の成長等から，自分事として礼儀を捉えなおすことができました。

● ツールの実物

A児は，礼儀を尽くそうとする先には，相手という存在があることを認識していれば，自然と心を込めて礼を尽くすことができ，相手のためだけではなく，自分自身の心もよくなるということに気づきました。

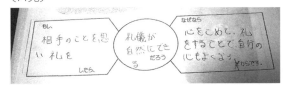

キャンディチャートの真ん中の欄を「礼儀を大切に思えるだろう」と言葉を指定した使い方もあります。B児は，左右の欄に「相手」という言葉を使って，書き込んでいます。「礼儀は相手を思う気持ちがあってこそ」ということに気づいた様子が伺えます。振り返りの欄に，「礼儀で勝てていないのに，勝負で勝てても意味はない」と礼儀がいかに大切かということをよく考えたことが伝わります。

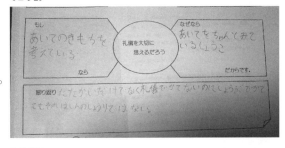

C児は，ついつい，目の前の戦いに気を取

られてしまいそうなときこそ，礼儀を大切にすることでお互いの気持ちをわかり合うことができるのではないか，と考えられたことが伝わります。

（森岡里佳）

フィッシュボーンチャートを活用した授業

―仕事のやりがいってなんだろう？（5・6年生）―
（出典：オンマイウェイ！　NHK for School）

土田雄一の "ココ" がポイント！

　「仕事のやりがい」を主体的に考え，自分たちで気づくことができた実践です。導入で，「働く意味」について学ぶことを提示し，働くことに対するプラス面だけでなくマイナス面を出させている点が後半につながっています。番組（教材）を視聴後，子どもたちの言葉をもとに「島田さんは，どうして楽しそうに働けるのだろう」という課題を設定したのがすばらしいです。自分たちの課題を追求するためにフィッシュボーンを活用して，グループで「頭」にある問い（課題）に向かって，大事にキーワードを整理しています。友達と意見を交流しながら課題解決に向けて取り組む姿がとてもよいですね。さらに全体で考えを交流することでより深く課題を考えることができています。

❶考えるツール＆議論するツールの活用ポイント

　フィッシュボーンチャートは，1つのテーマについて多面的・多角的に考えを整理できるよさがあります。まず，いくつかキーワードを挙げた上で，そのキーワードについての根拠を書き足すようにするとよいでしょう。キーワードを挙げる際には，友達の意見を否定するのではなく，「そう言う考えもあるね」と受け止め，基本的に書くように促します。

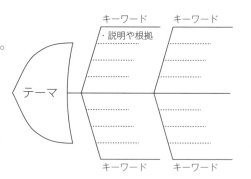

❷白熱した話し合いをつくるその他の工夫

　授業の冒頭に「仕事」に対するイメージ（負のイメージも含めて）を語っておくことで，主人公の島田さんの姿から感じる「やりがい」と自分たちの仕事への負のイメージとのズレが明確になり，「どうしてだろう？」と追求の意欲を生み出すことができます。

　また，障害などで歩けない動物たちが，実際に歩けるようになった姿やそれを見て喜ぶ飼い主の表情，主人公の島田さんが生き生きと働く姿などをリアルに感じることができるドキュメントの動画教材を用いることで，話し合うための土台をつくることができます。

　学習する内容項目を常時掲示しておく（もしくは教科書のどこに一覧があるかを伝えておく）と，他の内容項目との関連を意識しながら議論し，さらに考えを深めることにつながります。

● 本時の流れ

（1）主題名　働く意義を感じて
（2）教材名　仕事のやりがいってなんだろう？（出典：オンマイウェイ！　NHK for School）
（3）ねらい　島田さんの生き方を通して，仕事のやりがいについて協働的に考え，将来やりがいを感じ
　　　　　　ながら人の役に立ちたいという心情を養う。
（4）展開の大要

	学習活動・主な発問と予想される子どもの反応	指導上の留意点
導入	1　学習テーマ「働くことの意味について考えましょう」を確認する。 2　働くことに対するイメージを語り合う。 ・嫌い～面倒くさい，つかれる，遊びたい… ・好き～お金が貰える，人の役に立ちたい 　　　　　＝やりがい	・イメージを対比できるように板書に整理する。 ・仕事を頑張れる気持ちを「やりがい」と位置づけておく。
展開	3　番組を視聴する。 4　視聴した感想について語り合う。（ペア） 「番組を見て感じたことをペアで語り合いましょう」 ・島田さんが老犬を救っていたのがすごかった。 ・笑顔があるから頑張れるのかなぁ。 ・飼い主さんも犬もうれしそうだった。 5　問い（課題）をつくり，語り合いながら考える。 「どうして島田さんは，あんなに楽しそうに働けるのだろう？」 ・笑顔。　　・動物が元気に。　　・助けたい！ ・役に立ちたい。　・自分の達成感。　など ※途中で，他のグループのチャートを見て学び合いを促す。 6　全体で出てきたキーワードを共有し，その関係を考える。	・視聴する際には，できるだけどの子も見やすい環境をつくる。 ・ペアで語り合うことにより，一人ひとりが思いを表出できる機会を確保する。 ・「自分たちが導入時にもっていた負の気持ち」と「島田さんの姿」を対比させ，そのずれから問いを生み出すとよい。 ・まなボードとフィッシュボーンチャートを活用して，グループで問いについて考えさせる。 ・キーワードを板書し，その関係を矢印で整理した上で，内容項目を位置づけていく。
終末	7　どんなことを「将来の仕事のやりがい」としたいのか，自己の生き方について考えノートにまとめる。	・考えをまとめた子から，立ち歩き交流をさせる。

（5）評価　自分が職業を選ぶときに何を大切にしたらよいのか，どんなことにやりがいを感じる生き方
　　　　　をしたいのかについて考えることができたか。（発言・ノート）

🐾 授業の実際

❶教材のあらすじ

　主人公の島田さんは，歩くことが困難になったペットたちのために，「装具」をつくっています。なんと，これまでに1万匹以上のペットを救ってきました。今回は，筋力が著しく衰えてしまったラブラドールのフランの装具づくりの依頼がありました。島田さんは，少しでも長い距離を歩かせたいと奮闘します。フランが歩けるようになったとき，飼い主はとても喜び，島田さんもうれしそうな表情を浮かべます。そのような姿から仕事のやりがいについて感じることができるドキュメンタリー教材です。

❷導入

　「今日は『働く意味』について学習していきます」「みなさん，働くのは好きですか？」と率直な気持ちを出せるように導入します。

　「働くのが面倒くさい」「遊びたい」「さぼりたい」と現状もっている気持ちを存分に出させます。そうすることが，本音を出せる学習につながります。このような負の気持ちをまとめると，どのような心と言えますか？と問うと，「自己中」「わがまま」と束ねることができます。

　「でも，頑張ろう！働きたい！というような気持ちもあるでしょ？　それはどのような気持ちからだろう」と問うと，「お金のため！」「ほめられる」「みんなの幸せ」「みんなの笑顔」「自分が好きなことだから」というような意見が出てきます。こういう働くエネルギーにつながることを「やりがい」という，と整理し，番組視聴へとつなげます。

❸展開

　「今日は，実際に仕事をしている人の姿から考えます。テレビが見やすい位置に移動しましょう」と視聴しやすい環境をつくります。

　番組の視聴中，子どもの表情が見える位置で観察をします。子どものつぶやきや表情から，心が動いていそうな子を見つけておくと，視聴後の感想交流につなげやすくなります。

　なお，番組は，放送を録画していなくても，NHK for Schoolのwebサイトから，いつでも視聴することができます。

　番組の視聴後は，心の動きが大きかったと思う子から指名し，「感想を教えてくれるかな」と思いを語らせます。

　「なるほど，みんなはどんなことを考えたかなぁ。ちょっとペアで語り合ってみようか」と一人ひとりの思いを表出させる機会を保障するとよいでしょう。

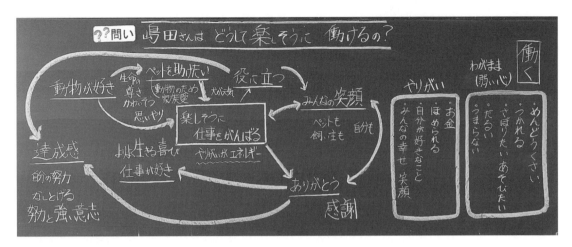

感想交流の後，「島田さんの働く姿はどうでしたか？　みんながもっている面倒くさいとか，そういうわがままな気持ちを感じましたか？」と投げかけ，「ここに今日のずれがありそうだね。では，そこから問いをつくりましょう」と本時の問い（課題）をみんなでつくります。

問い（課題）は，子どもたちがつぶやく言葉を大切にし，設定します。「なぜ頑張れるのだろう」「どうして生き生きしているのだろう」など様々なつぶやきを生かしながら，「みんなの意見を合わせていくと…と，少しずつ板書していくと，さらに子どもたちは続きの文を考えてつぶやきます。その結果，本時では「島田さんは，どうして楽しそうに働けるのだろう」という問い（課題）についてみんなで追求することになりました。

「今日は，『フィッシュボーンチャート』を使って，グループで追求していきましょう」と協働的に学ぶ時間を確保します。

フィッシュボーンチャートを初めて使う際には，「頭に問いを書く」「それぞれの骨の端にキーワード」「小骨にキーワードを詳しく説明」という説明をするとよいでしょう。

各グループで対話しながら考えを見える化していくと，行き詰まっていることも明らかになります。子どもたちの状況を見ながら，他のグループのチャートから学ぶ時間をとることで，活動を理解したり，より多くの視点から考えたりすることができます。

考えを否定するのではなく，「そういう考えもあるよね」と傾聴する学び方が大切です。

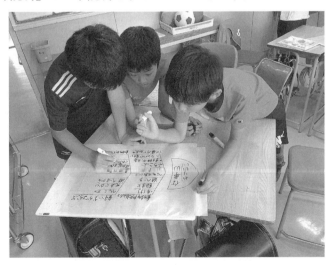

島田さんが楽しそうに働くエネルギーがどこからくるのか，そのエネルギー源を考えさせると書きやすいでしょう。まず，キーワードを書かせ，そのあとにキーワードを詳しく説明していくように促します。途中で，他のグループの考えから学ぶ交流の時間をとることで，さらなる深まりを期待できます。

グループ学習の後は，「どんなキーワードが出てきたかを教えてください」と，全体で問い（課題）を追求します。まず，中央に「仕事を頑張る」を位置づけ，子どもたちの発言を整理していきます。「みんなの笑顔」「動物が好き」「ペットを助けたい」というように，次々とキーワードを板書していきます。「どこに書いたらいいかなぁ」と構造を子どもたちと一緒に考えるようにするとよいでしょう。キーワードがある程度共有できたところで，「キーワードのどこからどこに矢印がつながるかな？」とさらに関係を整理していきます。こうすることで，「どのようなことが働く頑張るエネルギーになっているのか」というやりがいの構造を感じることができるようになります。さらに，学びを深めるために，内容項目を位置づけていきます。本学級では，道徳の内容項目が掲示されており，それを参照しながら考えています。

「ペットを助けたい」のは「生命尊重の心」，「達成感」は「努力と強い意志があるから」というように，「働くやりがい」を「道徳的諸価値」との関連の中で深く学べるようにします。

❹終末

「仕事のやりがい」を板書で構造的に整理した上で，「みんなは将来，どんな職業につきたい？　そして，どんなやりがいを感じながら生きていきたいですか」と自分の考えを整理させます。自分が最初に考えていたことと対比させながらまとめさせるようにすると，本時の自分の学びを実感できるようにもなります。考えをまとめた子から，立ち歩き交流を促し，多様な考えに触れることができるようにするとよいでしょう。

❺授業を終えて

働くことでお金を稼ぐということはもちろん大切です。それ以上に大切にしたいものを子どもたちは発見したようです。フィッシュボーンチャートで整理できたので，自己の生き方について考えやすかったようです。

● ツールの実物

　仕事のやりがいを多面的に考えることができました。「ペットは家族」という家族愛が，感謝の気持ちにつながり，それが島田さんのやりがいへとさらにつながっていくと気づくことができました。道徳的諸価値が関連し合って「仕事のやりがい」につながるという「深い学び」を実現することに，フィッシュボーンチャートが役立ちました。

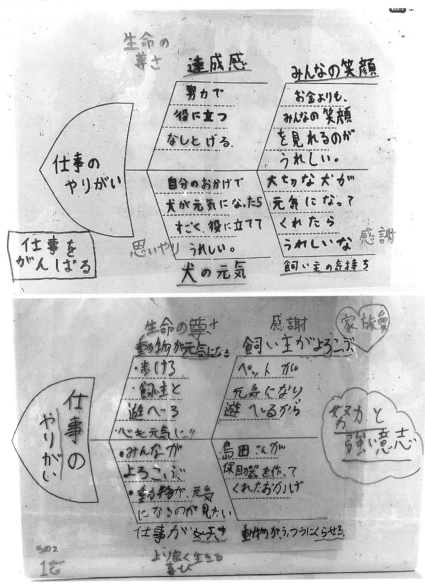

（安井政樹）

付箋を活用した授業

―お母さんへの手紙（6年生）―
（出典：東京書籍）

土田雄一の "ココ" がポイント！

　付箋を活用して自分の考えを要約して整理させただけでなく，一人ひとりの色を決めて，だれが書いたものかをわかるようにした点がすばらしいですね。それをグループで分類整理することより，「命に対する考え」が明確になっています。付箋によって，友達の考えと比較ができたこともいいですね。多様な考えに気づきますし，話しやすくなります。話し合いの糸口として付箋を活用し，ホワイトボードを活用してグループで「命」についての考えをさらに深めていくことができた実践です。他の教科等の学習活動においても付箋を活用しながら，共同で学びを深めている姿が目に浮かびます。

❶考えるツール＆議論するツールの活用ポイント

　付箋を活用するよさは，自分の考えを要約し分類することで，考えが可視化できるところにあります。話し合いによって，考えが変化してきた場合には，移動させることができます。話し合いの際に子どもは，同じ内容の付箋の枚数に目が行きがちですが，話し合いが進むにつれ，一枚一枚に目を向け，徐々に内容を深く掘り下げることができるようになりました。

　また，グループの一人ひとりで色を変えたり，内容によって色を変えたりするなど工夫して活用することにより，学級全体の考えがより視覚的に捉えられ，子どもは自分の考えと比較し，考えを広げたりすることができました。

❷白熱した話し合いをつくるその他の工夫

　3〜4人のグループでの話し合いでは，キーワードだけで分類をするのではなく，理由を聞き，相手の思いを理解した上で分けていくようにしました。

　また，話し合う中で，考えが変わったり，他の考えが出たりした場合には加筆していき，価値についての考えをまとめていくようにします。中心発問からそれないように話し合いを進めるよう随時声かけをしていきました。

　全体で共有するときには，他のグループの考えを聞き，似たような考えを補足したり，他の考えを付け加えたりするようにしました。また，教師は付箋の色をもとに，ねらいにかかわる考えをもつ子どもを指名し，掘り下げて聞きながら，全体で考えさせました。

🍎 本時の流れ

（1）主題名　命の大切さ
（2）教材名　お母さんへの手紙（出典：東京書籍）
（3）ねらい　生命のかけがえのなさを自覚するとともに，命を大切にすることの意義を考え，よりよく
　　　　　　生きようとする心情を養う。
（4）展開の大要

	学習活動・主な発問と予想される子どもの反応	指導上の留意点
導入	1　アンケートを提示し，「命」についてのかかわりを振り返り，関心を高める。 ○日頃，どんなときに命とかかわっていますか。 ・ペット。　・友達。　・テレビ番組。 ・委員会。　・学習。	・それぞれが今思っている「命」についての考えを共有し，価値についての課題意識をもたせる。
展開	2　教材を読み，登場人物の「命」についての思いを話し合う。 ○佐江子さんの「命を大切にする」とはどういうことでしょうか。 ・一日一日（今）を大切にする。 ・恩返しをしたい。 ・後悔をしないように生きたい。 3　自分たちの生活を振り返り，「命を大切にする」ことについて考え，付箋に書き，話し合う。 ◎命を大切にして生きていくとは，どういう思いをもつことなのでしょうか。 ・自分の命を守る。　・相手を思いやる。 ・生きていることにありがたみを感じる。 ・一日一日をむだにしない。　・思いを受けつぐ。	・特に心に残った部分を聞き，それを手がかりにして話し合いを進めていく。 ・佐江子さんの「命」に対しての考えから知見を広げる。 ・導入時のキーワードを生かし，命を大切にしていない場面も取り上げ，自分事として捉えられるようにする。 ・付箋に書いた意見をグループでまとめ，全体で共有し，考えを深める。
終末	4　本時の学習で学んだことを書く。 ○今日の学習で学んだことを書きましょう。 5「いのちの歌」を聴く。	・これからの生き方についても書くよう促す。 ・歌詞に注目させ，本時の価値を深める。

（5）評価　命を大切にすることの意義やよりよく生きることを考えていたか。（付箋・発言）

💭 授業の実際

❶教材のあらすじ

　重い心臓病の手術を前にして，佐江子さんは母に手紙を書きます。育ててくれたことへの感謝の思いが，小さい頃の思い出から始まって現在の気持ちまでつづられています。そこには，自分の命を精一杯生きてきた佐江子さんの心の動きと，母への感謝と励ましの言葉が書かれています。手紙になっているので，主人公の気持ちになって考えやすく，生きることの意義や命の大切さ，生かされていることに気づき，「生命」について深く考えられる教材です。

❷導入

　導入では，事前の「あなたにとって命とは何ですか」というアンケート結果から，「命は大切なものである」ということは理解できていることがわかりました。しかし実際は，普段の生活から，動植物を大切に育てていない，命にかかわっていることを深く考えずに発言している場面も時折見られます。

　そこで，身近な場面でどのように命とかかわっているかを振り返りました。「ペット」「友達」「学習（道徳科・理科・家庭科など）」「大切な人が亡くなったとき」「食べ物」などの意見が出ました。この意見を展開後段で活用し，自分事として考えられるようにしました。

❸展開

　展開前段では，手紙にこめられた思いを少しでも身近に感じられるように，教材を手紙にして子どもに配付しました。その際，特に心に残った場面や言葉に着目するよう声をかけ，その部分を手がかりに本文のキーワードを示し，主人公の思いを考えました。重い病気を抱えながらも前向きに生きようとする姿やそれを支える母親に対する感謝の思いに気づくことができました。そして，主人公にとっての「命を大切にする」とはどういうことかについて話し合いました。「一日一日を大切に生きたい」「お母さんに恩返ししたい」など様々な意見が出ました。佐江子さんの死から「命は，いつかなくなってしまうかけがえのないもの」であることも確認しました。また，数年後のお母さんの言葉も紹介し，亡くなっても思い出やその人に対する思いはいつまでも残ることを知り，命は自分だけのものではないことを感じることができました。

　展開後段では，導入の「命とかかわっている場面」について振り返りました。その中で，委員会活動での場面やニュースなどに対して安易な発言をしている場面を取り上げ，「命があるものは人間だけではないこと」や「身近な人でなくても人の命が失われていること」を話し合いました。そして，「命を大切にして生きていくとは，どういう思いをもつことなのだろうか」という中心発問について付箋を活用して考えさせました。

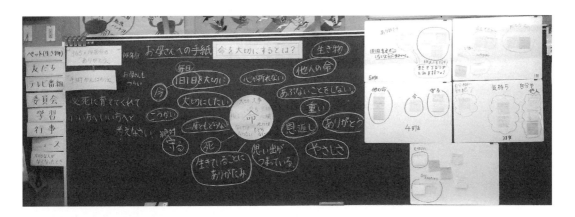

┌─ **ツール活用のポイント** ─────────────────────────────┐

・要約して書くことにより，自分の考えを整理することができます。

・グループの話し合いでは，個々で色が違うため，付箋を動かして可視化することにより，
　友達の考えが理解しやすくなり，活発な話し合いができました。

・全体の話し合いの場では，付箋とキーワードにより考えを集約し，多面的・多角的に捉
　えながら，自分の考えを明らかにすることができました。

└──┘

　3～4人グループをつくり，教師が座席の配置などをもとに，一人ひとりの付箋の色を決め
ます（赤・黄・青・緑）。子どもは，自分の色の付箋に考えを書きます（1～2枚）。分類しや
すいようになるべく短い言葉で書くようにします。次に，グループで付箋に書いた言葉と根拠
を話しながら，仲間分けをします。仲間ごとにタイトルをつけたり，話し合いから他の考えを
追記したりしてもよいこととし，中心発問についての話し合いを進めました。

　全体の場では，新たな考えや他のグループの考えに付け足しをしたりしながら，考えを共有
しました。一人ひとりの付箋の色を分けることで，主に2つの効果があります。1つは，子ど
も自身が自分と友達の考えを比較しやすくなります。「○○さんも同じ考えでうれしかった」
「自分だけが知らなかったことに気づけた」と感じる子どもがいました。もう1つは，全体で
交流する場で，教師自身が個々の考えを知ることができ，さらに掘り下げて聞きたいときの指
名がしやすくなりました。色が分かれていることで考えが視覚化され，新たな気づきにつなが
りました。

❹授業を終えて

　付箋は，グループの話し合いの際に，ただ考えをまとめるのではなく，個々の考えを明確に
し，視覚的に捉えながら，話し合いの糸口として活用できることがわかりました。また，ホワ
イトボードと併用して使うことで，分類したり，加筆したりすることができ，価値に対する考
えをより深めることができました。

（宇野あずさ）

聴き合い活動を活用した授業

—四本の木（6年生）—
出典：「四本の木」（子どものレジリエンス研究会）

土田雄一の"ココ"がポイント！

　「四本の木」は，小学校低学年から高学年だけでなく，中学・高校まで幅広い実践が可能な教材です。「自分が好きな木」として，「大樹」「優樹」「友樹」「一樹」のどの木を選択してもまちがいではないので，「いいね」「なるほど」等の反応が自然にうまれ，安心して授業に取り組めます。選択した理由を付箋に書くことで自分の考えが明確になり，黒板のそれぞれの木の下に付箋を貼った後，一人ひとりの理由を交流している点もいいですね。友達の意見に頷きながら聴き合い，質問しながら相手の考えを理解しようとしている姿がよいですね。「聴き合い活動」は自分の価値観をより明確にできる活動です。

❶考えるツール＆議論するツールの活用ポイント

　普段の授業では，友達の発言を受けて，自分の考えを述べたり，付け加えたりするようにしています。道徳科では，友達の考えに対して「その考え方いいな」と共感したり，「なるほど，そういう考え方もあったのか」と思う部分を積極的に見つけたりするように声かけをしています。そうすることで，話し手も自分の考えを明らかにし，自信をもつことができ，安心して話ができるようになります。

　そのためには「聴き合い活動」を充実させていくことが必要であると考えます。ポイントとしては，「相手の話を最後まで聴く」「反応をしながら聴く」「もっと聴きたいことを問う」「相手のよかった考えを伝える」ことを大切にしています。

　また，「聴き合い活動」の場と時間をなるべく確保できるよう，どの部分に話し合いを設定するか，話し合う内容をどう焦点化していくかなどを工夫して授業づくりを行っています。

❷白熱した話し合いをつくるその他の工夫

　話し合いの形態としては，ペアやグループを限定せず，近くの人といつでも，だれとでも話し合うことができる環境をつくり，様々な視点から意見を取り入れられるようにしています。全体で意見を伝え合う場面では，自分の考えだけでなく，友達の考えで共感したことも伝えてよいことにしています。それにより，友達の考えを手がかりに，再考し，自分の考えを伝えることができました。

　最終的には，子ども同士での聴き合い活動が活発にできることを目指していきたいと思います。

本時の流れ

（1）主題名　よりよく生きていくには

（2）教材名　四本の木（出典：子どものレジリエンス研究会）

（3）ねらい　四本の木の生き方を通して，よりよく生きようとする人間の強さや気高さを理解し，人間として生きる喜びを感じられる態度を養う。

（4）展開の大要

	学習活動・主な発問と予想される子どもの反応	指導上の留意点
導入	○これから先，どんな人生を送りたいですか。 ・楽しい。　・健康で長生き。 ・好きなことをする。　・夢をかなえる。	・今までの自分も振り返って考えるように声をかける。
展開	○「四本の木」を読んで，好きな木を選び，理由を付箋に書き，四本の木の生き方について考えたことを伝え合いましょう。 〈大樹〉・強い。　・健康。　・負けない。 〈優樹〉・立ち直ることができる。　・元に戻る。 〈友樹〉・協力。　・助け合って乗り越える。 〈一樹〉・やり直すことができる。　・挑戦。 　　　　・どの木の生き方もよい所がある。 　　　　・人は一人では生きていけない。 ○自分はどんな木になりたいか。これからどのように生きていきたいかを考えましょう。 ・失敗してもあきらめずにがんばる。 ・思いやりをもって仲良く過ごす。	・いくつか選んでよいことにし，それぞれのよさに気づくようにする。 ・友達の考えを聴き，共感したり，補足したりしながら自分の考えを深められるようにする。 ・今までの自分も振り返り，具体的に理由を考えられるよう助言する。
終末	○自分の「なりたい木」について発表し，それぞれのよさを伝え合いましょう。 ・自分のできていなかったことを直そうとしているところがよい。 ・自分だけでなくまわりの人のことも考えている。	・友達の考えを聴き合い，よさを伝え合う時間を確保することで，ねらいにせまれるようにする。

（5）評価　今までの自分を振り返り，よりよく生きていこうとする思いをもてたか。（ワークシート・付箋・発言）

❖ 授業の実際

❶教材のあらすじ

「四本の木」は，大樹，優樹，友樹，一樹の「四本の木」の特徴から生き方について考えられる教材です。大樹は，太い幹の木になり，どんな強い風にもびくともしない木。優樹は，しなやかな枝の木になり，曲がっても元にもどる木。友樹は，いろんな木がともに生きる森をつくり，身を寄せ合って風にたえる木。一樹は，折れても新しい芽を出す木。四本の木の生き方のよさを自分の生き方と重ねたり，「自分のなりたい木」について考えたりすることで，よりよく生きていこうとする気持ちをもち，よりよく生きる喜びを感じられる教材です。

❷導入

導入では，まず「これから先，どんな人生を送りたいか」を問い，自分の生き方を意識させるようにしました。補助発問として，「今までどんな人生でしたか」を問うと，「好きなことがあるから楽しい」「特に困っていないから普通」という意見がありました。一方で，「悲しいこともあったけれど，今は楽しい」と，短い人生の中でも，困難に感じる場面を経験し，それを乗り越えて今があると実感している子どももいました。「楽しく生きたい」「健康で長生きしたい」「好きなことをしたい」などの意見が授業の中でどう変化するのかを見たいと思いました。

❸展開

展開では，絵本「四本の木」の読み聞かせ後，「自分の好きな木」を選び，その理由を付箋に書くようにしました。付箋の色を決め，自分や友達が選んだ木を可視化できるようにしました。また，それぞれのよさに気づき絞れないときは，2つ以上選んでもよいこととしました。

付箋に書いた後，それぞれの木の下に貼り，一人ひとり選んだ理由を話しました。その際，「少し違うけど…」「もっと聴きたい」というつぶやきや発言を丁寧に取り上げ，様々な考えを共有しました。「もし，人間なら…」という問い返しをし，自分事として考えられるようにしました。

┌─ **ツール活用のポイント** ─────────────────────

・友達の考えを聴き，「いいね」「なるほど」と反応をすることで，「何を話してもよい」という安心感をもち，本心を言い合うことができる雰囲気ができます。

・相手の意見に対して，自分の考えを付け加えたり，相手に質問したりすることで，自分の考えを明確にし，多面的・多角的に考えられるようになります。

・話し合いの最後や終末では，考えが深まった点や友達の考えから学んだ点などを振り返り，伝え合うことで学びが共有できたり，自己を深く見つめたりすることができます。

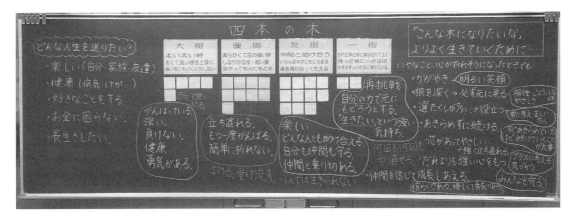

　展開後段では，「よりよく生きていくためには，どのような思いを大切にしたらよいか」を中心発問とし，自分のなりたい木（生き方）について考える活動を行いました。絵で表したり，「○○な木」というように名前をつけたりするなど自由に考えられるようにしました。

　例としては，「一生折れない木」（手をつないで助け合う），「簡単に折れない木」（たおれそうになっても戻れる），「竹のような木」（しなやかに受け流す）など，四本の木から発展させたり，いくつか組み合わせたりしながら自分のなりたい生き方を考えることができました。

　さらに，「なりたい木になるためには」という問いには，「強い心をもつ」「考えを変えていく」「いやなことがあったときには，音楽を聴いて気持ちを落ち着かせる」等，具体的な思いをもつことができました。

❹終末

　終末は，近くの数人で一人ひとりの「なりたい木」を聴き合いました。木の絵を見せたり，理由を説明したりしました。それぞれが違うため，興味をもって聴き，「それもいいね」「理由がよくわかるよ」などと話していました。また，自分と比較して生き方に対する考えを広げることができました。

　子どもの振り返りには，「よりよく生きていくためには，多くの思いをもつことが大切」「自分の生活で変えられることを考えていきたい」「自分もみんなも大切にしていきたい」など今までの自分の考えや行動を変えていきたいという意識をもつ子どもが増えました。

❺授業を終えて

　子どもにとって，「これからの人生はすべて思い通りにいくとは限らない」そういうことが起きたとき，どう生きていくかを考える一助となればと思い本時の授業を行いました。

　だれにでも「よりよく生きたい」という思いはあります。聴き合い活動を行う中で，「こんなふうに生きていきたいな」と自分の生き方を考えられる授業となりました。

（宇野あずさ）

事例 17

ビンゴを活用した授業

―学校のぶどう（3年生）―
（出典：光村図書）

土田雄一の "ココ" がポイント！

　導入の数字クイズや後半のビンゴ等，子どもたちが興味をもてるものを活用しながら，楽しく自分の「学校のよさ」について考えることができる実践です。教材から学ぶ前半と自分たちの学校に目を向ける後半の授業構成で，学校の「宝物ビンゴ」を活用して，学校のよさを楽しく見つめ直しています。ビンゴの中央に書くものは，「より多くの人が書きそうなよさ」です。目的を明確にした上でビンゴをするところがポイントです。最後には「全員がビンゴ」ができるように工夫したこともさすがですね。子どもたちの実践意欲を高めることにつながります。ゲームは盛り上がりすぎない程度にすることもポイントです。

❶考えるツール＆議論するツールの活用ポイント

　より多くのことに目を向けたり，考えさせたりするためのツールとしてビンゴを活用することができます。ビンゴ自体を教材にするのではなく，授業の後半等で自分自身とのかかわりで物事を見つめる際に活用することでより効果的な学習に結びつくと考えられます。

　子どもたちは，シートに書き込んだことをもとにビンゴを行っていきます。ビンゴをより早く達成するためには，自分の考えだけではなく，取り上げられているもの（こと）の特徴をつかみ，より多くの人が書きそうなことを考えていく必要があります。つまり物事を多面的に見ることが不可欠になってくるのです。こういった特色から，「よいところビンゴ」のように，共通する内容のよさを見つける活動に幅広く活用ができます。わが校のよさを始め，学級のよさ，国や郷土のよさ，国際理解，国際親善，礼儀などの学習にも活用できると思います。

❷白熱した話し合いをつくるその他の工夫

　何のためのビンゴなのかを子どもたちが理解していなければ，ただビンゴを行って終わりになってしまいます。より効果的なビンゴを行い，自分自身とのかかわりで道徳的価値を見つめ直すことが可能となるよう，主人公の気持ちに共感をさせた教材活用を行うことも重要です。

　本時においては，教材文を通して，伝統のぶどう棚を誇りに思い，大切にしたい，受け継いでいきたいという気持ちを子どもたちに感じ取らせることで，自分たちの学校にも受け継ぎたい，大切にしたいものがあることに気づかせ，ビンゴの活動へとつなげました。

🐾 本時の流れ

（1）主題名　すごいがたくさん，ぼくらの学校
（2）教材名　学校のぶどう（出典：光村図書）
（3）ねらい　学校のぶどう棚の物語を通して，自分の学校のよさや伝統に気づき，そのよさを自分たちも受け継ぎ大切にしていこうとする心情を育てる。
（4）展開の大要

	学習活動・主な発問と予想される子どもの反応	指導上の留意点
導入	1　自校の創立年数を提示し，本時の学習内容の方向を知る。 ○何の数字だと思いますか。 ・全校の人数じゃないよね。 ・学校の年（齢）かな。	・学校の創立年数を数字のみで提示することによって，本時が学校についての学習だということに目を向けるとともに関心を高める。
展開	2　教材「学校のぶどう」を聞いて，話し合う。 ○5，6年生の「ぶどうが実るなんていいでしょう」「いつか学校のみんなが食べられるくらいしゅうかくできるといいな」の言葉を聞いた和宏や正太はどんな気持ちになったでしょうか。 ・ぶどう棚はぼくたちの学校の自慢だな。 ・ぶどう棚は宝物だ。 ・ぼくたちにもできることはないかな。 3　自分の学校についてビンゴを使って見つめる。 ○ぶどう棚は和宏や正太の学校の「宝物」でした。では私たちの学校の宝物ってあるのかな。 ・もちろんある。 ・たくさんあるよ。 ○附属小宝物ビンゴを行う。 ・たくさんあるけれど，9つにしよう。 ・ビンゴだから，みんなが考えそうなものを書いた方が早くビンゴになるな。 4　今日の学習の振り返りを行う。 ・学校にある植物の手入れをしたい。 ・いろいろな場所を大切に使いたいな。	・上級生が大変な思いをしながらも誇りをもっている姿を通し，ぶどう棚が自分たちの学校のかけがえのない財産であることを引き出し，その財産を大切にしたいという気持ちに目を向けさせる。ここで引き出したワードを活用し，次の学習展開につなげる。 ・教材文の学校を引き合いに出すことで，子どもたちの中にある自分たちの学校にも負けないくらいの宝物があるという気持ちを引き出す。具体的に発表することはあえてやめ，「よいところビンゴ」を行う。 ・くじ引きで当たった子どもに書いた内容を発表させる。 ・それぞれが考えたものと発表されたものを確認した上で，今日の学習で考えたことや思ったことをワークシートにまとめる。
終末	○学校の歴史を聞く。	・本校の統合期のころの出来事についてＯＢより聞いた話を語り聞かせる。

（5）評価　自分の学校のよさについて知り，それらを自分ができる方法で大切にしていきたいという気持ちをもつことができたか。（ワークシート）

授業の実際

❶教材のあらすじ

　ある日，和宏と正太はぶどうの世話を安田さんと5，6年生がしていることに気づきました。聞けば，ぶどうを寒さから守るために栽培委員会の5，6年生がぶどうに藁の服を着せているのだそうです。それだけではなく，枝打ちされた枝の始末などの世話もしていたのです。大変なぶどうの世話も「ぶどうが実る学校なんていいでしょう」と生き生きと取り組む5，6年生の姿を見て，自分たちも学校の宝とも言えるぶどうの世話の手伝いを申し出るという話です。

❷導入　「何の数字でしょう」クイズを活用し，学習内容への関心を高める

　導入では，まず黒板にだまって「147」と書きました。子どもたちは，「先生，何の数字？」とこちらに問い返します。そこで初めて，「これはみんなに関係のある数字ですが，何の数字だと思いますか」と問いました。「みんなに」と言ったため，どうやら学校に関係のある数字だと感じたようですが，「3年生の人数！」「先生の数かな」など，子ども同士でああでもない，こうでもないと考え出しました。そこで2つ目の数字を提示しました。本校は，創立後に2つの学校が統合したという歴史をもつ，創立年数と統合年数，いわば，2つの年齢をもっているのです。このことは子どもたちも知っているため，「この数字は，この学校に関する数字で，もう1つあります」と言って，「53」と書きました。すると「学校の歳（年齢）だ！」と発言する子が現れました。ここで「今日は学校についての学習です」と示しました。導入では，このようにクイズを通し，本時の学習への関心を高めるとともに学習の方向づけを行っていきました。

❸展開

　展開部分は大きく2つに分けました。1つめは，教材を通して主人公の気持ちを理解する部分，2つめは，ビンゴを活用することで教材と自分たちの世界をつないで考える部分です。今回はビンゴを活用して，多角的に学校の特色を見つめさせたいと考えていましたので，前半部分の発問を絞り，価値にせまった上で，ビンゴを行うプランとしました。これはビンゴの目的を明確にし，よりねらいにせまるためのものでもありました。「学校の宝物ビンゴ」だけをするのでは，学校のよさを見つけることにとどまってしまい，中学年の指導内容である「みんなで協力し合って楽しい学校をつくること」を達成することが難しくなるからです。学校のためにできることを行いたいという気持ちを教材での話し合いでしっかりと引き出し，その上でビンゴを行っていくことが本時においてのポイントと言えます。

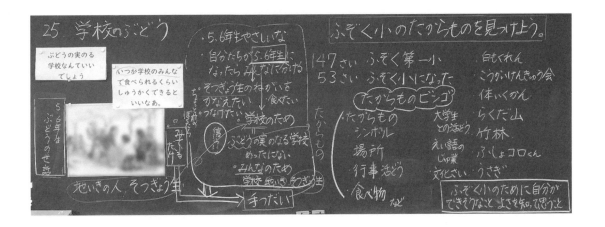

①教材を通して主人公の気持ちを理解する

　学校のよさや伝統を受け継ぎ，自分たちができることを何かしたいという主人公の心情に，ぶどうの世話に励む高学年の言葉を聞いたときの気持ちを考えさせることでせまっていきました。

　「自分たちはいなくなっちゃうのに，みんなのことを考えてくれるなんてやさしい」という下級生を思う思いにまず目を向けました。そして，「今までの自分たちは見ているだけだったけれど，それじゃ意味ないし，これまでの高学年の人たちが思ってきたみんなで収穫して食べるって願いを自分たちも受け継ぎたいから，手伝いたい」「高学年になったらちゃんと世話をしていきたい」と，同じ学校の子どもにもかかわらず何もできていない自分を見つめ，高学年のようにできたらという思いをもち始めました。ここで，「なんで小学生が世話をしなきゃいけないの。小学生ができるようなことじゃないよね」と揺さぶりをかけると，子どもたちは「だけど，だけど」と口々に言い，「自分たちだけのためじゃなくて，学校のためにやっている高学年の姿が立派で見習いたいと思ったから」等，「自分たちの学校のために」という思いを感じ取っている主人公たちの気持ちにも考えが及んでいきました。ここでさらに「学校のためっていうけれど，だれもぶどうの木をくださいなんて言っていないのに，くれたぶどうを育てることが学校のためなの」と投げかけると，「ただくれたんじゃない。そこには，地域の人や卒業生が学校を思って頑張って育ててねっていう信頼や期待がこめられているんだ」「だから見ているだけじゃなく，手伝いたいと思ったの」というように，ぶどうの木が地域や卒業生の気持ちのこもったものであることやそのぶどうの木を大切にしていきたいことを実感していきました。そこで子どもたちに「この学校にとってぶどうの木ってどんなもの？」と聞くと，間髪入れず「宝物」と答え，「附属小で言えば……」と自分の学校に置き換えて発言しようとする姿が見られました。子どもたちには，ストップをかけました。そして，ここで「附属小の宝物を見つけてみよう」という本時のテーマを提示し，宝物見つけを活用したビンゴをすることを伝えました。さらにどうすれば，早くビンゴになるかも一緒に考えてみました。

②ビンゴを活用することで教材と自分たちの世界をつないで考える

┌─ **ツール活用のポイント** ─

子どもたちの言葉等を生かし，「何ビンゴ」をするのかを示せるとわかりやすいです。本時では，「学校の宝物ビンゴ」としました。また書く内容は，みんなが考えそうなものを考えるとともに，表の中心や角には特により多くの人が考えそうなことを書くことで，より早く，より多くビンゴになることができるなど，どこに何を書くかも重要であることを伝えました。

9つの内容をすぐに見つけるのはなかなか難しいようだったので，宝物には「シンボル」「場所」「行事」「活動」「食べ物」等の種類があることを示しました。またどうしても見つからない人は友達と相談してもいいことにしました。全員がビンゴの表に記載できたのを見計らって，いよいよビンゴを行っていきました。今回は，くじ引きで当たった子どもに宝物を発表してもらう形式でビンゴを行っていきましたが，ビンゴ表に書いた内容をカードに書かせ，それを集めた上でくじを引くという方法も少し時間がかかってしまいますが，高学年などでは可能だと思います。子どもたち全員が1ビンゴした時点でまだ出てきていない宝物を発表させていきましたので，最終的には全員が何度もビンゴになりました。

❹終末　自校の設立期（今の場所に学校が移ったころ）の話をし，思いを温めさせる

本実践時には時間超過のため，この部分は行いませんでしたが，OBの方から聞いた実際の話（本校では，教師も子どもも一緒になって学校の施設をつくったり整備をしたりしたこと等）を伝えることによって（地域の方の話も効果的であると考えます），「学校を大切にし，自分たちができることを行っていきたい」という思いの後押しをしたいものです。

❺授業を終えて

子どもたちが考えた「附属小の宝物」は，全員が書いたことをすべて発表できるようにしました。かなりの数であったため，板書できなかったものも多くありました。これらをすべて記載，教室に掲示し，授業後にも「学校の宝物」を見つけたら適宜記載できるようにするなどの工夫をしていくことでより多くの学校のよさに目を向け，学校への思いを育んでいけると考えます。

（八木橋朋子）

第　回　どうとく　　　　　　　　　　　　　　　　月　　日（　）

番　名前：

㉕ 学校のぶどう

○今日の学しゅうテーマ

○今日の学習のまとめ（自分が考えたこと，思ったことなど）

トーキングサークルを活用した授業

―よわむし太郎（3年生）―
（出典：光村図書）

土田雄一の "ココ" がポイント！

　座席が円形。そのよさを生かした授業展開です。「トーキングサークル」はお互いの考えを尊重し合う対話の手段です。本実践では，子どもたちがよい面だけでなく，自分の弱い気持ちも発表していたことから，安心感をもって話せていたことがわかります。その土台は日常の授業等の学級経営。とてもしっかりしていることが伝わります。自己表現だけでなく，他者理解を促進する実践です。その他，ＩＣＴ機器，役割演技，心情円，顔マーク等を効果的に活用し，温かい雰囲気のなか，ねらいにせまる授業を構成しているのはさすがです。問い返しも効果的です。「継続」「積み重ね」の大切さを教えてくれる実践です。

❶考えるツール＆議論するツールの活用ポイント

　「トーキングサークル」は，カナダの先住民族から伝わったとされ，現在では，職場やコミュニティの問題解決の対話の手段として注目されています。参加者が輪になって座り，トーキ

ングピースと言われる印（羽でも石でもぬいぐるみでもよい）を回して順番に発言します。すぐに話せないときはパスしてもよいです。朝の会や帰りの会，学級活動に位置づけて継続して行い，道徳科の授業に「トーキングサークル」での自己表現が生かされるように授業を構成します。授業の導入や教材にかかわる発問に効果的に位置づけて，全員が自分の考えを語る場を設けます。

❷白熱した話し合いをつくるその他の工夫

　教材は，子どもたちから「よわむし太郎」とはやし立てられても気にせず，白い大きな鳥を大切にして世話をしていた太郎が，狩りにやってきて鳥を射ろうとした殿様の前に立ちはだかる姿が描かれています。正しいと思うことを強い気持ちで行うことにより，殿様の気持ちが変容する状況を，それぞれの視点から考えさせたいと考えました。ペアで役割分担して太郎と殿様の気持ちを考えるようにし，代表の2人が演じるようにします。太郎と殿様の双方の視点による対話の場を設けることにより，観客は「子どもたち」の立場から考えることができます。全員が参加する役割演技とし，多面的・多角的に考えるための手立てとしました。

● 本時の流れ

（1）主題名　よいと思ったことは
（2）教材名　よわむし太郎（出典：光村図書）
（3）ねらい　太郎が，殿様から白い鳥を守る姿を通し，物事の善悪について的確に判断し，正しいと信じるところにしたがって主体的に行動する実践意欲と態度を育てる。
（4）展開の大要

	学習活動・主な発問と予想される子どもの反応	指導上の留意点
導入	1　正しくないと思ったときに，止めようとした経験をお互いに聞き合う。 ・授業中おしゃべりしている人を注意した。 ・登校班の歩き方で高学年に注意できなかった。	・止めようとした対象や，そのときの気持ちなどを問い，全員がトーキングサークルで発表できるようにする。
展開	2　教材「よわむし太郎」を視聴して，考えたことについて話し合う。 正しいと思ったことを行うには，どうしたらよいだろう。 ○子どもたちからはやし立てられているときの太郎は，どんなことを考えていたのでしょう。 ・子どもたちと仲良くしたいから，許す。大切。 ○どうして太郎は殿様の前から動かなかったのでしょう。2人組で殿様と太郎になって考えましょう。 【太郎】子どもたちが大切にしている鳥だから，撃ったら悲しむ。それは正しいことではないからどかない。 【殿様】自分に逆らって止めようとする気持ちがわかってきた。皆が悲しむから撃たないであげよう。 ◎「よわむし太郎」という言葉が消えたのはどうしてでしょう。 ・白い鳥を命がけで助けたから本当は強い人。 ・大切なものを守る気持ちが強くて自信をもつことができた。	・ICT機器で挿絵とポイントとなる言葉を映しながら語り聞かせるようにし，視覚化，聴覚化を図る。 ・教材を視聴した感想を発表しあう中で，本時の問題意識をもつことができるように助言する。 ・役割演技で，殿様の前に立ちはだかる太郎と殿様はどんなことを話すか考えさせる。 ・演者を見ている子どもは子どもたちの役になり，感想を演者2人に伝えるよう助言する。 ・中心発問では，ノートに考えを書かせた後トーキングサークルを行い，全員が発言できるようにする。
終末	3　本時の学習を振り返り，自分とのかかわりで考える。 ○学習を振り返り，わかったこと，心が動いたこと，これからのことを書きましょう。	・色で表す心情円盤や振り返りカードを活用し，自分の経験を想起するよう助言する。

（5）評価　物事の善悪について的確に判断し，自信をもって正しいことをしていこうとする意欲が高まったか。

● 授業の実際

❶教材のあらすじ

　昔，よわむし太郎とよばれる心のやさしい男がいました。背がとても高く，力も人一倍あるのに，子どもたちにばかにされてもにこにこと笑っていて「よわむし太郎」とはやし立てられていました。この村には毎年白い大きな鳥が飛んできて，子どもたちも太郎も大切にして世話をしていました。あるとき，この国の殿様が狩りにやって来て，その鳥に矢を射ようとします。太郎は殿様の前に立ちはだかって，鳥を撃たないように訴え，殿様はそのまま帰っていきます。それから後，村から「よわむし太郎」という名前が消えました。

❷導入

　授業の導入では，本時のねらいにかかわる子どもの体験を想起させます。その際，トーキングサークルで順番に全員が発言できるようにします。日常活動では，トーキングピースとしての物を手渡しますが，授業中は物を用いず，手でタッチしていくと効率的です。机をタッチされると次の人は発言します。座席を円形に近い形にして，座ったままで発言していきます。1つの円にするのが好ましいのですが，学級の人数により二重にします。

　正しくないと思ったことをしている人がいたら，どうしていたかを問いかけると，「友達がおしゃべりしていてうるさかったとき，注意できた」「同じ。先生がいないとき，うるさかったから3人くらいに注意した」「友達がいじめられていて，いじめていた人は力が強い人だけど『やめて』と言えた」と友達に関する発言が続きました。さらに「妹がたたいてくるから注意した」「弟がゲームの邪魔をしてくるから注意した」「お兄ちゃんが友達の悪口を言おうとしたとき，だめだと言おうとしたけれど，そうすると今度はぼくが言われてしまうと思って言えなかった」と相手により対応が異なると気づいてきました。そこで「言えなかったのは相手が年上なんだよね。年上と年下で違ってくるのかな」と問いかけると頷きながら「たしかに」というつぶやきが聞かれました。そして，「今日の『よわむし太郎』はどんな相手なのか聞きましょう」と教材へと意識をつなげていきました。

　教材提示の工夫として，ICT機器を活用しながら絵と文字を映していき，どの子どもも画面に集中するようにしました。視覚に訴えることにより，子どもは教材への関心が高まり，場面の状況を登場人物に共感しながら短時間で理解することができると考えます。

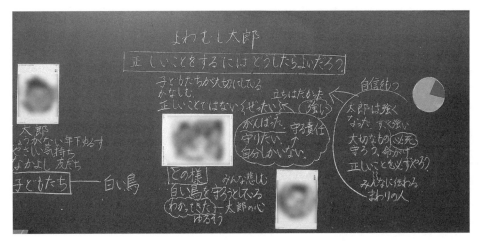

❸展開

　子どもたち一人ひとりが道徳の時間に能動的に参加するためには，教材のどこに問題意識をもつのかを明確にし，その解決のために考える授業を構成することが大切だと考えます。教材を視聴した後，何が問題だと感じたのか，考えてみたいことを問いかけます。一人ひとりの考えを短時間で共有するために，グループで話し合い，教材のもつ道徳的な問題にせまっていくような「問い」を設定します。全部のグループが発表した後，この時間は「正しいことをするにはどうしたらよいだろう」と学習課題を設定しました。

　始めの発問では，「よわむし太郎こっちへ来い」とはやし立てられているとき，太郎はどんなことを考えていたかを問い，太郎にとって子どもたちはどんな存在であるのか確認しておきました。このときは挙手による発言で，「太郎は子どもたちと仲良くしたい，太郎にとって大切だから許している」という考えに頷く姿が見られました。

　そして，その太郎が殿様の前に立ちはだかって動かなかったのはどうしてか，その太郎の言動は周囲にどのような影響を与えるのかを，多面的・多角的に考えさせるために役割演技を取り入れました。ペアで太郎と殿様のどちらの役を演じるか相談し，決まったら全体の前で発表したいペアは挙手します。他の子どもは観客となり，「子どもたち」の立場として見ることになります。太郎役の「子どもたちが大切にしている鳥だから，子どもたちが悲しむから，撃たないでください」という訴えを聞き，殿様役は「私に逆らうのか。どかないとおまえを獲物にしてしまうぞ」という強い姿勢から，太郎役の「でも，白い鳥を獲物にしたら，それは正しいことじゃないから。子どもたちが大切にしている鳥を撃ったら悲しむからどかないです」という台詞を聞いて変化が表れました。弓を射る動作から，馬に乗る動作をしたのです。殿様役は「いくら自分が偉くても，太郎は白い鳥を守ろうとし

た。白い鳥を撃ったら子どもたちが悲しむ，白い鳥も悲しむ，それがわかってきた」と発言すると観客から「太郎の言葉が心に届いた」というつぶやきが聞かれました。さらに観客から「子どもたちの前で正しいことをしないといけない。がんばった」「子どもたちを守りきるという気持ち」「弱虫じゃない，強い」とい感想が続きました。そこで，「今，強いという言葉があったけれど，よわむし太郎という言葉が消えたのはどうしてでしょう」と主発問をし，考える時間を確保しました。

ツール活用のポイント

・日常の延長のように自然なつぶやきが聞かれるよう，座席の形態は円形に近いものとし，座ったままで発言を次々につなげる。
・導入でのトーキングサークルは，対話を起こす働きをし，安心して自己表現する場となる。
・補助発問や主発問でのトーキングサークルは，他者理解を育む場となる。挙手による話し合いとは異なり，話す機会のない子どもの考えを聞くことができる。
・教師は聞くだけでなく，考えを深める発問を適切に行う。
・前の子どもの発言を受けて話すように助言する。

道徳ノートに考えを書かせた後，トーキングサークルで発言する場を設定しました。「太郎が殿様に立ち向かう強い心をもっていたから」「普通は殿様に言えないのに，子どもたちはびっくりした」と続いた後「太郎が強くなったから，みんなが言わなくなった」というA君の発言があったので「太郎はもともと強くなかったの？」と問い返しました。すると「強かったけれど，このときにもっと強くなった」と答え，他の子どもも頷いていました。「殿様は国で一番偉い人なのに正しいことをしていないから太郎がだめだと言った。太郎は強かった」「どんなに偉い人でも正しいことをしていなかったら，注意しないといけない」「前も強かったけど，やっぱりここで少しでも強くなってる」「太郎が白い鳥を必死で守ったから，ありがとうという気持ち」「同じで，友達みたいな鳥を守ってくれてありがとうという気持ち」「白い鳥を命がけで助けたから，本当はすごく強いんだなとわかった。さらに強くなった」「白い鳥を必死で守った。少しこわい気持ちもあったと思う」「白い鳥を殿様から守ったのは，強い気持ちと強い心。A君と同じで殿様と会って強い気持ちがさらに出てきた」と，太郎は強い気持ちをもっていたけれど，殿様から白い鳥を守るときに，さらに成長したことを感じ取っていました。「1羽でも死んでしまったら鳥も悲しむし子どもたちも悲しむから殿様の前に立ちはだかった。鳥とか子どもたちのためにがんばってお願いした」「子どもたちは鳥にえさをあげて小さかった鳥を大きくしてくれた。その白い鳥を守ってくれた」と，太郎が正しいと判断する根拠となるような発言が自然と聞かれました。そしてトーキングサークルの最後の方で「太郎が殿様に向かっていったのがすごいと思いました。私だったら弟にしか言えません。太郎はすごいで

す」と自分事として考える発言がありました。ここで、「自分と比べて考えたんだね」と共感的に返してあげました。すると「ものすごい強さ」と改めて太郎の強さへの驚きをつぶやきました。そして「大切なものを守りたい気持ちが、強い気持ちを支えた」「子どもたちががんばってと応援しているように感じて勇気を出せた」と太郎を支えたものがあったことに気づいていきました。ここで、本時の学習課題である「正しいことをするにはどうしたらよいだろう」と問いかけると、「勇気がないから言わないんじゃなくて、自信をもって正しいことを言う」「強い心をもっていると正しいことができる」「正しいことだと、自信をもつことが大事」と発言が続き、正しいと信じることを自信をもって行うことの大切さを、改めて認識していました。

　子どもは、トーキングサークルの形態で、お互いの考えを尊重しながら発言をつなげていくことができ、話し合いを深める手立てとなったと考えます。

❹終末

　教材の登場人物を自分に置き換えて考え、自らの行動や考えを見直すための手立てとして、心情円盤を活用しています。青が肯定的な心を表し、赤との2色でどちらの割合が多いかを操作します。学びを自分自身とのかかわりで考え、可視
化することができ、子どもは進んで活用する姿が見られます。これまでの自分を振り返って赤の割合を多くした子どもは、21名中7名。「年下には言えるけど、年上には太郎みたいに言えない。太郎は殿様に言えたのがすごい」という理由でした。青と赤が同じ割合の子どもは5名。「できるという気持ちもあるけど、できないという気持ちがじゃまして半分の図になってしまう。これから正しいことを必ずやりたい」と悩む気持ちとともに今後への意欲も感想に書かれていました。青の割合が多い子どもは9名で、正しくないと思ったときに止めようとした経験のある子どもでした。

　また、振り返りとして、顔のマークと2～3行のコメントを毎時間継続して記入していくカードを用い、子どもを見取るための手がかりとしています。カードに書かれた内容に注目すると、継続することによって個人の成長を見取る手がかりになっています。

（関弘子）

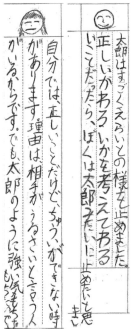

役割取得を活用した授業

—ぼくらの村の未来（5・6年生）—
（出典：ココロ部！　NHK for School）

土田雄一の"ココ"がポイント！

　教材は，村人が道路建設に「賛成派」と「反対派」に分かれる話です。視聴する前に子どもたちが「賛成派」と「反対派」になり，役割を取得した上で番組を視聴するところがポイントです。視聴後に役割分担をするのとでは番組の観方が変わります。主体的になり，本音でより白熱した議論が展開されています。最終決定を「投票で行う」あたりもより本気になりますね。そして，「対立」で終わるのではなく，「納得できた発言」について意見交流をすることによって，授業のねらいにせまっているのは秀逸です。どちらの立場も「村の未来を思う心」は同じです。自分の地域のよさや未来の姿についても考えることができる実践です。

❶考えるツール＆議論するツールの活用ポイント

　本時では，村人の生活の利便性を守るために緑豊かな自然を切り開いて道路建設を行うことに「賛成」か「反対」かという葛藤教材を用いて討論形式での授業を展開しました。

　教材提示前の展開前段から，教材に出てくる村人の役を子どもに役割取得させることで，考えていく問題について主体的に議論させられると考えました。子どもたち一人ひとりの判断で村の未来が決定するということを伝えることで，村で生きていくために多面的・多角的な考えをもって判断しなければならないという考えをもたせました。展開後段では，議論を通して自分は「賛成」か「反対」かの最終決定を行わせ，学級内での「村の未来」を決定しました。この体験を行うことで，自分たちの決断によって生活している街の将来にかかわるということを実感させました。

　本時では，一人ひとりが「村人」であるということを役割取得させ，村の未来が自分たちの考えで決定するということを伝えることで，教材内容を自分の問題として捉え，「賛成」・「反対」について自分が思っている本音や実感をもった発言をする姿が多く見られました。

❷白熱した話し合いをつくるその他の工夫

　展開後段では，村人の立場として「賛成」か「反対」かについては，投票用紙に「賛成」・「反対」を書き，投票箱に投票させました。投票箱に投票するということに関しては，授業前半に子どもに伝えました。この授業のゴールを伝えたことで，本時の学習活動に子どもは興味を強くもつことができました。

本時の流れ

（1）主題名　自分の街をどうするか
（2）教材名　ぼくらの村の未来　（出典：ココロ部！　NHK for School）
（3）ねらい　人々が生活する街をどのようなものにしていくのかを考え，自分たちが生活する郷土の保全と発展について議論を行い，郷土への愛情を深める。
（4）展開の大要

	学習活動・主な発問と予想される子どもの反応	指導上の留意点
導入	1　自分たちが生活している街を，どのような街にしたいと考えているか考えを交流する。 ・もっと都会にしてほしい。 ・遊園地をつくってもらいたいな。 ・都会もいいけど自然を大切にしていきたい。	・授業前段での自分の街に対して思っている考えを確認する。
展開	2　「ぼくらの村の未来」を視聴し，何が問題になっているのか明らかにして話し合う。 ○このお話では，何が問題になっていますか。 ・村をこの後どうしていくのかという問題。 ・自然を守るか，生活を便利にしていくのか。 ◎村人の立場になって，道路建設に賛成か反対か考えよう。 ・自然が少なくなれば，困るのは人間だと思う。 ・生活が便利でなければ人がいなくなるよ。 3　最終決定を行った後，話し合いで考えたことを交流し合う。 ・やっぱり自然を守っていきたい。 ・自然の大切さはわかっているけど，生活ができなければ人はいなくなるよ。	・映像を流す前，子どもに今日の学習では役割取得をして教材の村人として授業に臨むということを伝える。 ・映像の話の内容に合わせてフラッシュカードを掲示する。 ・ワークシートに，賛成か反対か一次決定を行い，理由も書く。 ・最終決定は投票用紙に記名・投票をして決定する。 ・自分とは違う意見で共感できる発表について考えさせる。
終末	4　今日の話し合いでいいなと思った考えについて交流し合う。 ・自分たちの街の自然も守らなければいけないという発表がいいと思いました。 ・反対だったけど，人々が生活していくためには村の発展も必要だという意見に納得しました。	・授業全体を通して，自分で考えたことや，議論について考えたことを交流させる。

（5）評価　ワークシートに「賛成」・「反対」の理由について記述した内容の把握，授業中のグループ・学級全体の議論の中で自己の思いについての発言を記録することで，子どもの考えや思いの変容を教師が評価する。（ワークシート・発言等）

🌑 授業の実際

❶教材のあらすじ

　主人公は，山間（やまあい）にある小さな村の住人です。今この村は，新しい道路を建設するかしないかで揺れています。村人も建設賛成派・建設反対派に分かれています。建設賛成派は道路建設されることで，現在の不便な生活から便利な生活になるということ，若い世代が増えて村全体が元気になること等を主張しています。建設反対派は道路建設されることで，自分たちの村の自然がなくなっていくことや，自分たちが生活しやすく便利なものにすることで村にとって大切なものをなくしてしまうのではないかということ等を主張しています。

　この話し合いの進行をしている主人公は道路建設に対して「賛成」「反対」どちらにすればいいのか悩んでしまいました。

❷導入

　授業の導入では，自分たちが生活している街が，将来どのような街になってもらいたいかということを考えさせました。この導入から，本時の授業で用いる教材についての簡単な説明を行い，役割取得で「村人」として1時間話し合い，投票によって「村の未来」を決定することを伝えました。これらのことを伝えると，子どもからは「責任重大だなあ」「いつもと違って，なんか緊張するなあ」という発言が見られました。この発言から，子ども自身が，教材の問題を「自分の問題」として考えなければいけないという思いをもつことができたということが考えられます。

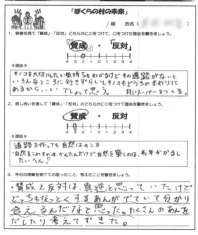

　「役割取得」を行うことを伝えた後，映像教材を提示しました。映像教材に対しては，子どもの興味関心が高まり，教材の内容についてもしっかりと理解することができました。

❸展開

　映像教材を見た後，個人でワークシートに「賛成」・「反対」，意思決定をした理由を書かせました。一次決定の段階なので，迷っているということでもいいということを伝えました。

　個人で自己決定を行った後，グループ・学級全体で討論形式での議論を行いました。「賛

128

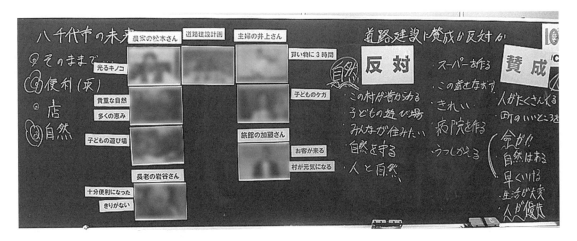

成」としての理由は，道路が建設されることで，買い物等にすぐに行くことができて生活が便利になっていくということや，病気や怪我をしたときにすぐに病院に行くことができなければ困ってしまうという意見が出されました。「反対」としての理由は，現在の社会で自然破壊が問題となっている中で，貴重な自然をなくしてしまう道路建設はしてはいけないのではないか，道路はすぐに建設することができるかもしれないけれど，村人の思い出がつまっている自然を一度壊してしまうと二度と戻すことはできないという意見が出されました。

　学級全体での「賛成」・「反対」の考えについての議論後，個人で最終決定を行いました。理由に関してはワークシートに書き，記名での投票用紙を投票させました。学級での投票結果を発表した後に，役割取得を終えることを伝えました。そして，自分とは違う考えで納得できた発言はどのようなものであったのかを交流することで，授業のねらいについての考えを深めました。

> **ツール活用のポイント**
>
> 　本時では，導入から終末まで教材の村人としての役割取得を行いました。最後に村人として投票を行うことで村の将来を決定すると伝えた際，子どもからは「緊張する」「責任重大だ」という声が聞こえ，主体的に取り組むための手法としては有効であると考えます。展開でも村人の立場になって自分の考えを発言する姿が多く見られ，実感をもち「自分の問題」として考えることができ，白熱した議論が行える手法であると考えます。

❹授業を終えて

　役割取得によって村人になりきることで，いつもの授業よりも話し合いが活発なものになり白熱しました。役割取得を行わなくても話し合いはできると思いますが，役割取得を行ったことで，子どもが村人の立場で深く考え，発言内容も実感を伴い現実に行うことができるのか考えられた発言内容で議論が展開されました。

（野木雅生）

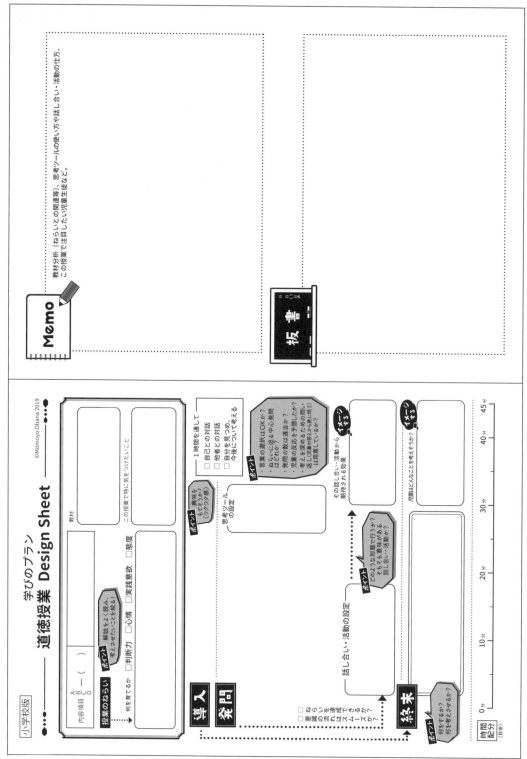

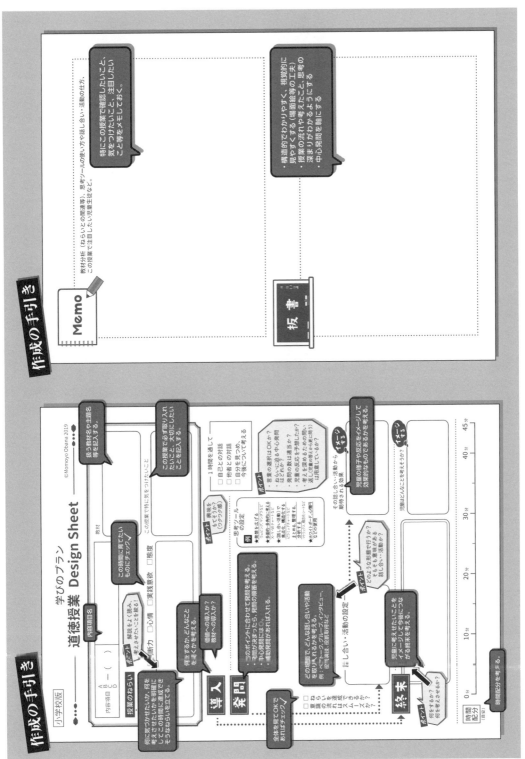

（尾花桃代）

参 考 文 献

・関西大学初等部『関大初等部式思考力育成法研究〈平成29年度版〉』さくら社，2018

・関西大学初等部『思考ツールを使う授業　関大初等部式　思考力育成法〈教科活用編〉』さくら社，2014

・関西大学初等部『関大初等部式　思考力育成法ガイドブック』さくら社，2015

・新潟大学教育学部附属新潟小学校『ICT ×思考ツールでつくる「主体的・対話的で深い学び」を促す授業』小学館，2017

・黒上晴夫・小島亜華里・秦山裕「シンキングツール〜考えることを教えたい〜」NPO 法人学習創造フォーラム，2012

・上杉賢士『「ルールの教育」を問い直す　子どもの規範意識をどう育てるか』金子書房，2011

・加藤宣行・土田雄一監修『ゆたかな心をそだてるどうとくノート』光文書院，2018

・竹原幸太『教育と修復的正義—学校における修復的実践へ』成文堂，2018

【執筆者紹介】（執筆順）

諸富　祥彦　明治大学教授

土田　雄一　千葉大学教授

本村　徹也　千葉大学教育学部附属小学校

宮澤　　長　千葉県千葉市立轟町小学校

野木　雅生　千葉県八千代市教育委員会

坂本　千代　東京都多摩市立北諏訪小学校

原　　博恵　千葉県市原市教育委員会

伊藤　　孝　千葉県鴨川市立鴨川小学校

佐藤　俊輔　千葉県市原市立内田小学校

伊藤　穂高　千葉県八千代市立村上北小学校

安井　政樹　北海道札幌市立幌北小学校

森岡　里佳　千葉県市原市立明神小学校

宇野あずさ　千葉県九十九里町立豊海小学校

八木橋朋子　千葉大学教育学部附属小学校

関　　弘子　千葉県白子町立南白亀小学校

尾花　桃代　千葉県船橋市教育委員会

【編著者紹介】

諸富　祥彦（もろとみ　よしひこ）

筑波大学大学院博士課程修了。教育学博士。千葉大学教育学部助教授を経て，現在，明治大学文学部教授。

1990年代半ばから，アクティブ・ラーニング方式の多様な道徳授業を提案し続けてきた。

著書に『クラス会議で学級は変わる！』『すぐできる"とびっきり"の道徳授業』『ほんもののエンカウンターで道徳授業』（明治図書）『図とイラストですぐわかる　教師が使えるカウンセリングテクニック80』『「問題解決学習」と心理学的「体験学習」による新しい道徳授業』『教室に正義を！　いじめと闘う教師の13か条』『教師の悩みとメンタルヘルス』（図書文化）ほか多数。

https://morotomi.net/

土田　雄一（つちだ　ゆういち）

千葉大学大学院教育学研究科修士課程修了。教育学修士。

千葉県内の小学校教諭をスタートに，ヨハネスブルグ日本人学校教諭，市原市教育センター所長，公立小学校校長等を経て，現在，千葉大学教育学部附属教員養成開発センター教授。専門は道徳教育，国際理解教育，教育相談。

ＮＨＫ（Ｅテレ）「オンマイウェイ！」「ココロ部！」「時々迷々」の番組委員。

　著書・編著書に『国際性を育てる道徳の授業』（明治図書）『こころを育てる創作トランプ』『100円グッズで学級づくり』『ＮＨＫ道徳ドキュメント モデル授業』（図書文化）『学級メンテナンスガイド』『子どもが夢中になる授業づくり』（教育開発研究所）『保護者との信頼関係をつくるカウンセリング』（ぎょうせい）ほか多数。

道徳科授業サポートBOOKS
考えるツール＆議論するツールでつくる
小学校道徳の新授業プラン

2020年2月初版第1刷刊　Ⓒ編著者　諸　富　祥　彦
2021年1月初版第3刷刊　　　　　土　田　雄　一
　　　　　　　　　　発行者　藤　原　光　政
　　　　　　　　　　発行所　明治図書出版株式会社
　　　　　　　　　　　　　　http://www.meijitosho.co.jp
　　　　　　　　　（企画）茅野　現（校正）宮森由紀子
　　　　　　　　　〒114-0023　　東京都北区滝野川7-46-1
　　　　　　　　　振替00160-5-151318　電話03(5907)6702
　　　　　　　　　　ご注文窓口　電話03(5907)6668

＊検印省略　　　　　組版所　広　研　印　刷　株　式　会　社

本書の無断コピーは，著作権・出版権にふれます。ご注意ください。

Printed in Japan　　　　　　　ISBN978-4-18-295614-0
もれなくクーポンがもらえる！読者アンケートはこちらから　→